こころの秘密

SIGMUND FREUD

「フロイトの夢と悲しみ」

佐々木承玄
Jogen Sasaki

新曜社

一八九五年七月二十四日、この場所にて
ジークムント・フロイト博士に
夢の秘密が現われた

Hier enthüllte sich am 24. Juli 1895
dem Dr. Sigm. Freud
das Geheimnis des Traumes.

こう記された大理石板がいつかこの家に掲げられることを
君は本気で信じるだろうか？

まえがき

右〔扉うら頁〕に掲げられた一節は、かの『夢判断』が出版されてからおよそ半年ほど経った一九〇〇年六月十二日に、フロイトがフリースに宛てた手紙からのものである。
日付は、彼が《イルマの夢》という夢を見た日、
場所は、ウィーンの中心街より少し北の高台ベルヴューの丘、
この家とは、当時フロイトが宿泊していたベルヴュー館（現在その館は存在しない。夏草だけが生い茂った夢の跡である）。

この碑文でフロイトは「夢の秘密が現われた」といっているが、いったいどのような秘密が、どのように現われたのだろう？

＊＊＊　＊＊＊　＊＊＊

現代、フロイトの生きていた時代よりもさらに科学が目覚ましく進歩を遂げていることはいうまでもない。そのおかげで私たちの生活はより便利なものとなり、情報や知識なども豊かになってきた。それも確かである。しかしそれだけで私たちがより幸せになったといえるかどうか？　人間関係での問題、多忙、さまざまな悩みや苦しみ、孤独感など、いざ〝こころ〟が関することとなると、「豊かになり進歩したとは必ずしもいえない」とほとんどの人が感じているのではないだろうか。

科学の進歩のおかげもあり、昨今は、「正しい知識やプラスになる情報を得る」「正しい方法を習得する」ことで物事がうまくいく、という考えが強まっている。たしかに正しい知識や方法は大事だろう。物質面に限らず、こころが関する面でも、知識や方法でうまくいくことが多いのは事実だ。

しかし、それですまない問題がある。その〝こころの問題〟とはいったいどのようなもので、それに対して私たちはどのように取り組んでゆけるのだろうか？

この問題へ果敢に向き合ったのが他でもないフロイトであった。その取り組みかた、その語りかたは実に画期的で、百年経った今でも少しも古くなっておらず、これから二十一世紀を生きてゆく私たちにとっても新鮮な意味をもっている。すなわち、現代を生きてゆく私たち一人ひとりの直下に潜んでいる〝こころの問題〟を、フロイトの取り組みを題材として探求していきたい、というのが本書の第一義的な目的である。

この本は、単なるフロイトの学説の紹介ではないし、「こころにはこうした特徴がある」といった説明が主眼でもない。また、「このように考えたらよい」「この方法で取り組むとよい」という類の助言でもない。そうではなく本書には、フロイトの取り組みを題材に、ともに探求していきながら、それが即、私たち各自が「自分自身を知る」（人との関わりを含めて）ことの実践となってくれれば……との念願が込められているのである。

こころの自由

ジークムント・フロイトの名は、「無意識」を系統的に探求した最初の人、「精神分析」あるいは「深層心理学」というものを創始した人として知られているが、その営みの端緒として彼は、冒頭の一節からもわかるように、《イルマの夢》を、碑文が立つに相応しいほど画期的な出来事と見なしている。

《イルマの夢》のことをフロイトは「精密に解釈を試みた最初の夢」と述べている。それ以前にも、方法を人から学んだり自分で工夫したりしながら、患者の治療は行なっていたが、その日以来、彼は、患者に対して用いていたある方法を、自分自身が実際に徹底的にやりぬいてゆくことになる。つまりその日付が、彼が「自分自身の無意識なるものに取り組んでゆく」発端を標しているともいえよう。

それはいわゆる「自己分析」とよばれるもので、フロイトは生涯そのような実践を続けたが、とりわけ徹底的に取り組んだのは、この《イルマの夢》を見て以降、一八九九年十一月四日に『夢判断』が出版されるまでの期間である。この時期こそ、精神分析が築き上げられる過程であり、自己分析の格闘が『夢判断』として結実したわけである。深層心理学が築き上げられつつあるなかで、こうした「自分自身との徹底的な取り組み」がなされたということは特筆に価するだろう。

加えて、その自己分析、夢解釈の方法が実にまた画期的なものである。通常『夢判断』と訳されているので本書でもそう記すことにするが、直訳すると『夢の解釈』。そこでは文字どおり夢の「解釈」がなされており、夢の意味や構造、さらには夢に関する知識や理論などが記された本である。《イルマの夢》とその解釈が位置する第二章は、「夢解釈の方法」と題されている。いったい、どのような方法で取り組まれ、いかに解釈がなされたのだろうか。

方法というと普通、「こうすればこうなる」「このしかたを習得するとこれができる」というものであろう。また、よくいう「自己分析」とは、自分のことをいろいろ振り返り、反省・熟考したり、自己批判することを指すのだろう。たしかにフロイトもそのようなことをしてはいるが、彼の取り組みにはプラスアルファの何かがあり、それを私たちはこれから探っていこうとするわけである。

夢解釈の方法は「自由連想法」と名づけられている。フロイトは生涯、患者に対して（あるいは自分に対して）「こころにやってきたものに自由にさせましょう」「熟慮や自己批判は脇へのけて、こころに浮かんだものを自由に話してください」と言いつづける。一見、簡単なことのように思われるが、フロイトが用いた言葉のなかで最も理解しがたく実践しがたいのが、この「自由に」ということだと思う。それがどれほど困難かを痛感し、その困難に立ち向かってゆくことが、精神分析の根本をなしていると思われる。

こうした方法の斬新さに目を向け、そして〝こころの自由〟へ向かって取り組んでゆく、ということも本書全体を通じて読者とともに実践できればと願うところである。

こころの深い次元

以上、熟慮や自己批判とは違う次元での「こころにやってきたものに自由に」という実践について述べてきたが、ここには、何度驚かされてもまた新たに驚かされるような問題が潜んでいる。

フロイトは〝こころの深い次元〟に関して、次のように述べている〔著作集9－九〇頁〕。

> 人に精神分析を施すことに非常に有能な治療者でも、自分が分析を受ける対象となるやいなや、別人のようにふるまい、極めて強い抵抗を示すことがあると聞いても、神経症の本質をよくわかっている人なら驚かないだろう。ここでまたしても、こころの深い次元の印象を受けるのであり、神経症は、分析的な修練が達していないこころの層に根ざしている、ということに少しも驚かない。〔傍点引用者〕

ここで言及されているのは、自分の足元の問題である。有能な治療者として神経症の治療に実績をあげている精神分析家であっても、自分自身が分析を受ける際には別人のようになってしまうことがある。また、そうした事態そのものが「神経症の本質」と関連しており、また〝こころの深い次元〟の印象を与えるという。

ここで述べられているのと似たような事態は、精神分析や心理療法においてしばしば見られる。たとえば、「相手をそのまま受け入れる」ことを重要と考え、自分でもそのように努力している心理療法家に、実際は、治療や指導の場、あるいは日常場面などで、「受け入れる」のとは逆の態度が強く現われていたりすることがある。あるいは、「固定観念に縛られず自由に生きる」ことを重要視する治療者が、そのような考えを暗にクライエントに押しつけ、不自由にさせている、などということもある。こういった事態は、例外的というより、きわめて頻繁に見られることで、ここにこそ本書で扱う基本的な問題が潜んでいる。

それに類することは、心理療法に限らず身近にもある。誰しも、他人の問題点に気づいたり、あれこれと批判したりするものだが、多くの場合その時点で私たちはおのずと、自分のことを棚上げしている。また、自分が大事にしていたり、あるていど身につけていると思っている理念や信条のようなものと、実際の当人のありかたとのあいだに大きなギャップがあることも、日常よく見られることである。

つまりここに、「他人のことをなにか言っている時点で、あるいは自分のことを意識的に反省している時点で、その当人にどこか、うかうかしているところがあるのではないか」という次元の問題があるのではなかろうか。

こころを関わらせながら

こうした〝こころの深い次元〟の問題へフロイトが取り組んだ、その始まりが《イルマの夢》を見た日であったといえるだろう。それは、相手や自分のこころの背後を探り「これこれの無意識がはたらいていた」と気づく、という次元にとどまるものではなく、そのようなことをしている自分自身の足元にある問題である。先の引用でフロイトは二度「驚かない」と言っているが、何度驚いても新たに驚かされるような問題（そういうしかたで初めて突きつけられてくる盲点）が、自分の見えない足元にあるということだろう。

そのような問題とそれに取り組む方法の性質上、フロイトの取り組みを知ろうとするなら、私たちにも、ある種の努力が要求されている。フロイトは《イルマの夢》に入る直前、次のように読者へ「お願い」をしている〔著作集2－九一頁〕。

私はここで読者にお願いせねばならないが、読者はかなり長い間、私の関心を読者自身の関心として、私の生活の極めて細々とした細部にまで、私と一緒に沈み込んでいただきたい。なぜなら、夢の隠された意味を知ろうとする関心のためには、そのような転移が絶対に必要だからである。

フロイトに現われたという「夢の秘密」を知ろうとしても、私たち各自が、フロイトの関心を自分自身の関心として細々とした細部にまで沈み込むことなしには、その意味を知ることはできないことが明言されている。しかし、他人の関心を自分自身の関心とする、などということがはたして可能なのだろうか？　そうしようとする際には、私たちのなかにさまざまな感情や葛藤が起こってくるだろうし、ここには大きな問題（秘密）が潜んでいるのではないだろうか。

フロイトのこの文章は、私たちがこれからこころの問題を探求していく際に鍵となる文章である。「フロイトに……という秘密が現われた」というように対象的に理解しようとするのでは抜け落ちてしまうものがあるということである。ここに、「夢」にとどまらず、私たち各自のこころも関わる問題（秘密）が潜んでいると思われる。その「秘密」を、読者と共に、こころを関わらせながら探求してゆくことが、本書で目指すところである。

こころを関わらせながら探求してゆくことは、即、自分を知るということになり得るのではないだろうか。フロイトの自己分析は、「あれこれと自分のことを反省・熟考して自分を知る」ということにとどまるものではなく、「やってくるものに自分を投げ出し関わってゆく」という実践である。そして『夢判断』の執筆は、「そのような自己分析の実践を行ない」「その後でそれを執筆した」という二段階のものというより、執筆しながら自己を参究し、執筆のなかで自分を築き上げていったものである。そうであるならば、いまそこに耳を傾けようとする私たちにとっても、「フロイトの関心を自分の関心として沈み込む」という仕方で読む工夫をし、さまざまな体験をしていくなかで、そのこと自体が、私たち各自が自分自身を探求する、自分を新たに築き上げていくという実践となり得るかもしれない。本書が、そのような実践のための援助になればと願う。

＊＊＊　　＊＊＊　　＊＊＊

それでは、これからフロイトという人物に関することを中心にとりあげてゆくことになるが、そこで扱う問題は、特殊な個人に現われた特別な問題というより、私たちすべてが関わっている「こころの基本的な問題」である。これはあるていど普遍的な問題であるが、同時に、一般論的に語るのでは抜け落ちてしまう問題を秘めており、この本では、人間フロイトにまつわる具体的な実例に即して、読者とともに問題を参究していきたいと思う。

もちろん本書が、精神分析や心理療法に携わる専門家の方々や、こころが関係する分野の学問を専門とする方々にお読みいただいて意味をもつものになればと願っているが、さらに広く、「自分を知ること」や「人の援助」など〝こころの問題〟に関心を寄せられている読者の皆様にとって、何らかの意味をもつことになればと念じてやまない。

たとえばこのような思いを抱いている人は多いのではないだろうか。

「いつも、まわりの状況や自分の欲望に流されて、うだうだと生きてしまっている感じだけれど、このままでいいのだろうか?」

「人を傷つけてしまった……。その人とはもう関係をもてない状態だけれど、償うことはできるのだろうか?」

「なんだか大切な何かを失ってしまった感じで、虚しい……」

「なにがかなしくて、こんなことになってしまったんだろう?」

「人のため、とか言うけれど、どこか偽善っぽい感じがしている」

こうした読者と、これからフロイトをめぐって（そして自分自身をめぐって）旅を共にしたい。

こころの秘密

目次

装丁　上野かおる

こころの秘密

——フロイトの夢と悲しみ

序章　ある未亡人の涙

まえがきでは本書の基本姿勢のようなものを述べたが、この序章ではあらかじめ、どのような題材がどのような構成で組み立てられてゆくかについて、つまり本書の骨格を具体的に提示しておきたい。

「フロイトに夢の秘密が現われた」とはどういうことかを探求していくことを通じて、より広く〝こころの秘密〟を参究していくことが、この本の目的であった。そのフロイトが《イルマの夢》を記す直前に読者へ「生活の極めて細々とした細部にまで沈み込んでいただきたい」とお願いしていることも見たが、事実、当の夢はじつに細々としたところにまで関わりあっている。そうした点も夢の本質のひとつなのだが、本書においては、その夢を細かく取り上げること自体が目的ではないので、細部にわたる広がりは犠牲となるにしても、事実関係を絞って述べてゆくことにする。

《イルマの夢》を見る二ヵ月前、一八九五年五月に出版された『ヒステリー研究』には、未亡人となった女性の友だちが泣き暮らしているところを取り上げ、こころの問題がいくつか論じられている箇所がある。じつはその女性は、《イルマの夢》で「彼女をイルマの代りにしたい」として登場する重要な人物である（とほぼ特定することができる）[1]。そして、彼女のことをあれこれと思い『ヒステリー研究』に記しているというフロイト自身のあり方まで含めて、《イルマの夢》以降の自己分析において、そこに潜んでいる問題（秘密）が顕在化し、展開することになる。

そこで、本書で主に取り上げる題材は、この女性と関連する事実関係に絞ることにしたい。ただし絞るとはいっても、読み進めていただければ、それが多彩に、想像をはるかに絶するようなかたちで展開してゆく様に驚かれることだろう。

では次にフロイトが彼女に関してどのように記述し、どのような問題を論じているかを眺めながら、それに即して本書全体がどのように構成されているかを概観しておきたい。

泣き暮らす未亡人

フロイトの友人に、「軽い神経衰弱状態にかかっている才能に恵まれた婦人」がいた。[2] フロイトはある日、彼女が目を泣きはらしているところに出くわす。『今日何かあったのですか？』と尋ねたところ、彼女は半ばむっとして、その日に特別なことがあったわけではなく、三年前に亡くなった夫のことを思い出しているのだ、ということを仄めかした。『あのころ私はそのことで泣いている暇がありませんでしたもの』と言う。夫を失った直後は、泣いている暇もないくらい大変だったのであろうが、後になってから、亡くなった夫のことを思い、泣き暮らしていたのである（そして、泣き暮らしながらも生活や為すべき仕事はしっかりこなしていたことが記されている）。フロイトはこれを「遅ればせの涙 nachholende Träne」とよび、彼女の様子を次のように表現している。

　病人が死んでしばらくたつと、彼女の内部で再現の仕事 Reproduktionsarbeit が始まり、そのために病気や臨終にまつわるいろいろな場面がもう一度眼前に彷彿としてくる。彼女は毎日、一つ一つの印象を新たに体験し、それについて泣き、またそれについて自らを慰めるのである。

「なぜ夫は亡くなってしまったのだろう」と彼女は幾度となく思ったことだろう。これに対して医者なら「結核で死んだ」とはっきり答え得るだろうし、より詳しい医学的所見を示すこともできるだろう。が、それは医学的には正しい答えであっても、「なぜほかならぬ私の夫は亡くなったのか」という彼女の問いに対しては、満足できる答えではない。ここでは一般的論的な死でなく、「ほかならぬ私の夫は……」という、彼女自身との関係のなかでの、彼女にとって固有のことが問題となっている。私たちはこのような問題にいかに取り組んでゆけるのだろうか？　またそのような苦しみのなかにある人をいかに援助し得るのだろうか？

激しい力

フロイトは彼女をめぐって、いくつか心理学的な問題を提起している。日々の涙とは別に、夫の命日には、「激しい力」がはたらきかけ、彼女はさらに特別な反応を示していた。

この日には、いきいきとした視覚的再現と情動表出とが忠実に日付どおりに起こるのである。利口であるだけでなく強さを備えたこの婦人は、その思い出が激しい力で自分にはたらきかけてくることを恥ずかしく思っている。

フロイトはこれを「思い出す儀式Erinnerungsfeiern」とも表現している。彼が彼女と出くわした日は、夫が亡くなって三年目の命日だったのである。

ここで「思い出」というものが、単なる過去の事実という静的なものではなく、「激しい力」ではたらきかけてくる力強さをもったものであることがわかる。「夫の死」が変えようのない厳然とした事実であるのと同様に、この「思い出」というものも、彼女の自由になるものでなく、激しい力でもってはたらきかけ、彼女を日々泣き暮らさせるという現実性をもっている。

では、この現実とはいかなるものだろうか？

思い出す儀式

フロイトはまた、次のような「理論上の関心」も記している。

年々繰り返されるこの思い出す儀式に、彼女はいつも同一場面を繰り返しているのか、それとも、私が自分の理論上の関心から想像しているように、そのたびに別のいちいちの情景が除反応のために現われるのであるか、それがわかったら、私にとってどんなにか興味のあることだろう。

ここでは、思い出すことに関して、しばしば出される問題が取り上げられている。すなわち、「記憶というのは、事実をそのまま思い出すものなのか、それとも別のものなのか」という問いである（思い違いは誰でも経験していることだから、必ずしも事実をそのまま再現するとはかぎらない、とはいえるだろうが）。また、思い出す際に何らかの感情体験をするわけだが、その体験は記憶にどのような影響を与えるのか、という問いである。

その時点に潜む秘密

彼女は友人なのだから、フロイトはきっと友人として彼女のことを心配しただろう。力になってあげたいとも思っただろう。実際、彼女を自分が治療したいと思っていたことが《イルマの夢》の連想で述べられている。友だちとして心配する気持ちや、心理療法家として援助したいという気持ちは、良心的なものであろう。また、彼女が苦しんでいる心理的問題がどのようなものであるか、その理論的問題を考えようとしていることも、心理学者であるからには別段かわったものではないだろう。

ところが、である。彼女を見ていろいろと思っている時点でフロイト自身の底に潜んでいる問題（秘密）が、後になって思わぬかたちで露呈してくる。その秘密が顕在化していく始まりが、すなわち「夢の秘密が現われた」という《イルマの夢》なのだ。

彼は《イルマの夢》のことを「徹底的に解釈を試みた最初の夢」と述べているが、「解釈を試みた」というその夢との取り組みが重要なこととなっている。夢を見た時点で秘密の内実が啓示された、といったものではなく、《イルマの夢》を見た日はあくまで、ある態度での徹底的な取り組みを始めた「最初の日」である。

また彼は、思い出が彼女に「激しい力」ではたらきかけていると記したが、「秘密」は、静的なものでなく、「激しい力」を秘めているもののようである。その力が自分自身に対しても思わぬしかたで激しくはたらきかけていることを、フロイトは《イルマの夢》以降痛感してゆくことになる。

フロイトが取り組んでゆく過程を貫いて、そこに潜む「秘密」も、激しくはたらきかけつづけており、その過程はいつ終わるとも見定めがたいもののようである。彼の自己分析は、その「激しい力」との必死の格闘であり、『夢判断』は、その最も苦しい闘いがひと区切りついたところまでのドキュメンタリーである（また、彼女に対して用いていた言葉をそのまま使って、フロイト自身も巻き込まれた「思い出す儀式」ともよび得るものである）。

生命の息吹

『夢判断』全体を貫く異様な迫力は、モーツァルトの作曲したオペラ、ドン・ジョヴァンニに比すこともできよう。ゲーテがドン・ジョヴァンニに関して述べている次の言葉は、『夢判断』にもそのまま当てはまるように思う。

モーツァルトがドン・ジョヴァンニを作曲した（組み立てた）、などとどうして言えようか！　作曲する――まるで卵と小麦粉と砂糖をこねあわせてつくる一片のケーキかビスケットででもあるかのようだ！　――それは、部分も全体もひとつの精神から一気に注ぎだされ、ひとつの生命の息吹につらぬかれた、精神的な創造なのであって、製作者はけっして、試みをおこなったり、継ぎはぎをしたり、恣意的な処置をほどこしたりはしていない。彼の天才のデモーニッシュな精神が彼を支配し、彼はこの精神の命ずることを遂行するよりほかなかったのだ。

フロイトはたしかに、「夢を各部分に分解し、それぞれにある処置を施し、さらに、全体を見渡しながら組み立てなおしてゆく」。けれどもそのような行為すべてに、「部分も全体もひとつの精神から一気に注ぎだされ、ひとつの生命の息吹につらぬかれた」躍動感がみなぎっている。それは、あれこれと考え、こねあわせて書くことからは生まれ得ない躍動感である。

おそらくフロイトに現われたという「夢の秘密」も、私たち各自が、その躍動感のなかに入ってはじめてわかるものなのだろう。だからこそ本書においては、「躍動しているものを、躍動しているままに受け取り、それを躍動的に表現する」、そのような仕事ができればと祈念している。

私たちも含めての秘密

フロイトが彼女の問題や、そこから一般的な心理学上の問題を考えようとしていたところ、思わぬかたちで自分自身のあり方まで問題化されてしまうところに「秘密」があることを述べた。同様の構造で、私たちにおいても、フロイトにおける出来事として、あるいは一般的な問題として考えようとする際に盲点となってしまうところに、秘密が潜んでいる。おのずと自分自身（私たち一人ひとり）の関わりまで問われてしまうようなところにこそ、〝こころの秘密〟は潜んでいる。

それゆえ、ここで例の「私の関心を読者自身の関心としてほしい」というフロイトの要求が重大な鍵をにぎっている。フロイトの語り口を貫く躍動感に触れたが、私たち各自がこころを関わらせながら、彼の語りへ丁寧に耳を傾けていくことによってはじめて、その秘密が何であるかを私たちも体験できるのではなかろうか。本書では、こうした試みを読者とともに進めていきたい。

こうしたことから本書では、フロイトの「語り口」を重視し、それを多く引用してゆくことになるが、できれば読者の皆様も、こころを関わらせながら、その語りに耳を傾けていただければと願う。

フロイトの「読者へのお願い」と、そこに潜む問題（秘密）は、汲めども尽くせない深さをもつ。ゲーテは、天才とは「生産的な力」そのものであることを述べ、モーツァルトの作品のようなものには「世代から世代へと作用しつづけ、そうすぐには汲みつくすことも食いつくすこともできない生産力がある」と述べているが、フロイトの『夢判断』もそのような生産力を秘めている。その汲み尽くせない生産力に私たちも共にあずかり、〝こころの秘密〟という根本問題への道を模索していきたい。ここに本書の第一義が存する。

秘密のドキュメンタリー

そうしたわけで、これからフロイトの取り組みを題材としながら、こころの問題（秘密）を探求してゆくのだが、まず本書の構成を述べておきたい。「彼女」のことをいろいろと思っているフロイト、ここに潜んでいる秘密が、《イルマの夢》以降いかに顕在化し展開していくか、が以後の骨格となる。

〝夢の秘密〟は突然に現われたのでなく、その前にそうとう長い歴史・背景をもっている。そして、その夢が見られた時点で秘密の内実が明かされたのでなく、その後のそうとう長い期間にわたる取り組みと関係している。またそれは、自分の足元にある盲点と関わっているため、それをめぐる知や実践において、非常に微妙な問題を抱えることになる。

この三つの側面に対応して、本書は三部の構成となっている。

まず第I部は、《イルマの夢》が見られるまでの時期。フロイトが彼女を見ていろいろ思っている時点ですでに、いろいろな関係や問題が絡み合っている。フロイトの家族や友人関係、そして治療技法などをめぐるさまざまなことが多層的に絡み合いながら、いかに問題性が高まってゆくかを見ていきたい。

次なる第II部は、《イルマの夢》においてどのような〝夢の秘密〟が現われ、そこに潜む問題が、その後のさまざまな夢や人間関係・出来事を通じていかに展開していったかのドキュメント。「彼女」の亡夫を睨み殺す《Non vixit の夢》も取り上げる。これは《イルマの夢》とテーマも登場人物も深く関係している重要な夢であり、フロイトはそこで、幼児期からのことや、その現時点での重要な人間関係をも巻き込みながら、すさまじい参究を繰り広げる。さらに、『夢判断』出版後にもいかに問題が継続して展開してゆくかも取り上げたい。フロイトは、彼女の名前をそのまま自分の娘につけているのだが、その娘および彼女をめぐる男性たちとフロイトのあいだでいかに問題が継続してゆくかを見ることになる。

そして第III部は〝こころの秘密〟をめぐる知と実践の問題。フロイトの取り組んだのは、自分の関わりまでおのずと問われてしまうような問題、それを自分で意識的に反省しようとしても届かないところのある問題、というように非常に微妙な側面を有する。そこで私たちは、こうした問題に対していかに取り組み得るかということや、「思い出すことの問題」「こころの現実とは？」など、こころの基本的なテーマに向き合うことになる。また、フロイトが《イルマの夢》以降の自己分析を通じて、どのような態度で治療に望み、またいかなる理論を築き上げていったのか、そしてそれを私たちが学ぼうとする際にどのような問題があるかを考えていきたい。そして同時に、「激しい力」と私たちはいかに闘い抜いてゆけるのか、ということも模索していきたい。

さらに部外では、ドン・ジョヴァンニや、漱石の小説、小林秀雄の体験を取り上げ、本論で述べたことと照らし合わせながら、より身近に、より深く問題を探求してゆくにあたって参考となると思われるところを綴りたい。

第Ⅰ部　夢の秘密が現われるまで

この第Ⅰ部では、夢の秘密が現われたという《イルマの夢》までのフロイトの歴史や背景を、主に序章で取り上げた「彼女」に関連することに即して見ていきたい。つまり、フロイトが「彼女」のことを見てさまざまなことを思っている時点ですでにいくつかの関係や問題が重なり合っているので、それを具体的に記していくことになる。

そこで第一章は、フロイトも彼女も婚約中だった頃のこと。二人は以前から友人どうしであったが、同時期にそれぞれが婚約していた。婚約中には将来の幸せを思い描くのが常だが、フロイトも御多聞にもれず、自分たちの結婚後の幸せを夢見て、「ファミリーロマンス」なるものを婚約者と一緒に構想していた。そこには「彼女」も大きく関わっている。

つぎに第二章は、フロイトが結婚した後、どのような家族を築き上げていったか。フロイトは「彼女」の名前をそのまま自分の娘につけるなど、築き上げていく家庭に自分のイメージをそうとうに混ぜ込んでいる。ほかにも、憧れの恩師や友人、あるいはその妻の名を自分の子どもにつけているが、彼らとの関係も取り上げよう。優れた人物に憧れをもち、それを目指して頑張るのは比較的多くの青年に見られることだが、フロイトの場合はそれが際立っている。またフロイトが彼らから、勉学上・精神上の恩恵だけでなく、多額の金銭的援助を受けていることにも触れたい。

そして第三章は、フロイトの恩師であり金銭的援助者でもあるヨセフ・ブロイアーとのこと。序章での「彼女」に関する箇所はブロイアーとの共著『ヒステリー研究』に記されているものであるが、実はブロイアーとの関係もそこに関わっている。そこで、ブロイアーの治療実践において自分の夫婦関係まで巻き込むような全く意想外のことが起こった、アンナ‐Oの症例を取り上げる。ブロイアーからその話を聞いてこころを動かされたフロイトにも全く意想外のことが起こっていくことになる伏線となることや、『ヒステリー研究』における密かなテーマを見ていこう。

これから見てゆく事柄、すなわち、婚約中に思い描く将来の夢、友人関係、理想とする先輩への憧れ、恩師から直接に教えを受けたり励まされたりして奮闘すること、その間にいろいろな恩恵を受けることなどは、私たちの人生で普通に経験されることである（第三章では、専門職が関係する事柄も取り上げるが）。こうした「普通の事柄」に潜んでいる問題がどのように顕在化し展開してゆくかは、先ざき第II部で触れることになるのだが、まずここでは、《イルマの夢》にいたるまでの問題性の高まりを辿っていきたい。

第一章　ファミリーロマンス

本章では、フロイトや彼女がそれぞれ婚約中だった頃のことを取り上げる。フロイトは婚約中に将来の幸せを思い描いて、「ファミリーロマンス」なるものを構想していたのだが、それがどのようなものかを見ていきたい。それではまず主要人物を簡単に紹介しよう。

フロイトは一八五六年五月六日に生まれた。一八八二年六月十七日（二十六歳時）に五つ歳下のマルタ・ベルナイスと婚約する。フロイトはウィーン、マルタはハンブルク近郊のヴァンツベークとかなり離れた場所に住んでいた。貧困のため、人から借金しないとなかなか会うこともままならなかったし、婚約期間も四年という長きにわたっている。

序章で登場した「彼女」の婚前名はソフィー・シュヴァープ。ヨセフ・パネトという人物と一八八四年五月に結婚しソフィー・パネトとなっている（その結婚式にはフロイトも参列した）。フロイトは一八七六年から六年間（二十－二十六歳）、エルンスト・ブリュッケのもとで生理学を研究していたが、ヨセフ・パネトはその当時の同僚で、フロイトの一つ歳下である。

婚約中の美しい交友

フロイト／マルタのカップルと、ソフィー／パネトのカップルは同時期に婚約中であった。それぞれが幸福の夢を思い描いていたことだろう。その一端がうかがえる、フロイトからマルタへの手紙（一八八三年八月二十二日）を引用する[1]（フロイトはたいへん筆まめで、婚約期間に九百通以上もの手紙をマルタに書き送っている）。

パネトが今日、彼が見た幸福の夢について書いてよこしてくれた。彼からは君に、そして彼の花嫁からは僕に、この美しい夢の世界のすべての幸福を送るとのことだ。

美しい友情である。ソフィーとパネトは裕福だった。彼らはこの手紙で「美しい夢の世界のすべての幸福」を送り届けていたが、それだけでなく、二人で話し合い、フロイトとマルタが早く結婚できるようにと、多額の金の入っている銀行口座を贈ることに決めた。一八八四年四月十五日にパネトがそのことをフロイトに告げる（しかもそれは最初の利息が四月一日から使えるようになっているという粋なプレゼントだった）。

ソフィーとパネトから大金をもらった日に、フロイトはマルタへ手紙を書いているが、その文面は喜びに溢れており、そこから当時のフロイトの心情がよくわかる。少し長くなるが紹介することにしよう[2]。

可愛いマルタ

今や一切が何と奇妙なやり方でやってくることだろう。君の書いている通りだ、何もかも、何もかもが変わるに違いない。……気分はとても憂鬱なのに、心の高ぶりをどうしても抑えることができない。つまりこうなのだ、僕たちは今や僕たちの興味津々たるファミリーロマンスの第二巻（「富」の巻）に足を踏み入れたように思われるのだ。いいかい、ようく聞くんだよ――まるで本当にディケンズの一節を読んでいるみたいなんだから――パネトと彼の婚約者のソフィーが話しあって僕のために何と千五百グルデンの銀行口座を作ってくれたのだ。……

パネトは今日僕にこのことを打ち明けた。われわれはその時、心のこもった言葉を二言三言かわした。彼の意図は、僕たちが半年でも一年でも早く結婚できるようにというところにある。……

いずれにしても僕は、何人かの人たちに実に多くの恩義を蒙ってしまった。それを数え上げてみると本当に気が滅入ってしまう。しかしマルタ、それまではみみっちいところのあった一人の人間が――ここかしこから差し伸べられる親切な愛の手に心うたれて――暖かい献身的な人間になるとしたら、これは素晴らしいことではないだろうか。……

ところでどんなロマンスにも必ず二組かそれ以上の男女が登場し、それに従っていくつかの話（プロ

婚約中のマルタとフロイト

ット）が交錯して現われるものだが、僕たちのロマンスの場合にもその例にもれず、希しくも今日シェーンベルクの身の上にも事件が起こった、よいことだ。実のところ僕のそれよりももっと名誉なことだ。……ともかくミンナは喜ぶと思う。そしてこのような稀な幸運は人並みの人間には訪れたためしがないということに思い到るかもしれない。……

互いに愛し合い、仕事をしていこう。
心からなる挨拶をもって

君のジークムントより

ファミリーロマンス構想

この喜びにあふれた手紙でフロイトは、「僕たちの興味津々たるファミリーロマンスの第二巻（「富」の巻）に足を踏み入れたように思われるのだ」と述べている。フロイトは婚約中にマルタとの間で、自分たちの「ファミリーロマンス」を構想していたわけである。[3]ディケンズに『リトル・ドリット』という小説があり、その第一巻は「貧困」、第二巻は「富」と題されているのだが、その小説にちなんで彼らも自分たちのファミリーロマンスを構想していたと目される。フロイトは婚約はしたものの「貧困」のため、なかなか結婚できないでいた。それで、早く自分たちのファミリーロマンスが第二巻「富」に入り、結婚できるよう願っていたのである。これは非常にわかりやすい構想だ。現時点では「貧困」であるカップルが、豊かな家庭生活を築けるよう、将来に夢やロマンスを思い描いて頑張ってゆくことはとても自然なことだろう。

三組のカップル

先の手紙には、三組の婚約中のカップルが登場している。ソフィーとパネトはこの手紙の翌月（一八八四年五月）に結婚した。フロイトとマルタは四年三ヵ月という長い婚約期間の後、一八八六年九月に結婚した。残りのカップルはシェーンベルクとミンナである。[4] シェーンベルクは一八八〇年代初期のフロイトの最大の友人であり、ミンナはマルタの妹であるから、フロイトとマルタのカップルは彼らと親しく交際していた。この手紙で「希しくも今日シェーンベルクの身の上にも事件が起こった」とあるのは、彼が大学へ就職できる見込の知らせを受け取ったことを指している。

この手紙の日、ソフィーとパネトは結婚目前の幸せな時期にあり、親友のフロイトとマルタのために良いことをしてあげられて晴れやかな気持ちだったろうし、シェーンベルクは就職の見込がつきミンナと喜んでいたであろうし、フロイト（とマルタ）は大金を得て大喜びしている。三組ともども実に喜びに溢れていたことだろう。

結核という恐ろしいもの

しかしこの三組のうち長く結婚生活を送ることができたのは、フロイトとマルタのカップルだけだった。

先の手紙のなかですでにフロイトは「この新たな友情をそれほど長いあいだ享受できないだろうという印象を、どうしてもぬぐい去れない」と述べているのだが、これはパネトが結核にかかっている疑いがあったからである。実際、パネトは結核が発症し、結婚して六年も経たずして亡くなる〔一八九〇年一月四日死亡〕。若くして未亡人となったソフィーがその後どのように暮らしていたかについては、その一端が『ヒステリー研究』に記されており、それは序章でも取り上げた。

例の手紙のあと間もなく、シェーンベルクも結核が発症し、死んでいくことが確実となる。彼はミンナとの婚約を解消し、そして一八八六年二月に死んでいった。フロイトとマルタだけでなく、ほか二組のカップルも、将来への幸せな家庭生活やロマンスを夢見ていたことだろうが、そのロマンスは「結核」によって無残にも打ち砕かれてしまったのである。

一方、フロイトとマルタのカップルは無事に結婚し、六人の子どもを授かり、家庭として順調に展開してゆく。フロイトは社会的にも成功し、収入も増えてゆくし、他の二組に比べると、順調な家族（ファミリーロマンス）として展開していることは歴然としている。

ところが、そうして順調に展開していくように見えるなかにも、恐ろしい秘密が潜んでいた。ファミリーロマンスの手紙は、「今や一切が何と奇妙なやり方でやってくることだろう」という大喜びを伴った驚きをもって書き始められていたが、その後、単に喜びだけではないさまざまな感情を伴って、「何と奇妙なやり方でやってくることだろう」という驚きをフロイトは体験してゆくことになる。どうやら奇妙なやり方でやってくるものは、外側からだけでなく、夢や空想や願望などを通して、自分の内側からもやってくるようである。「早く『富』の巻に入ればよい」などという意識的な願望だけでなく、より密かな願望や、そして現実の人間関係や出来事が交錯するなか、そのファミリーロマンスは、フロイト自身の想像や期待をはるか絶するかたちで展開する。

その展開をこれから辿ってゆくことにしよう。まず次章では、フロイトが結婚した後どのような家庭を築き上げていったかを見ていきたい。

第二章　親衛隊と家族

フロイトが婚約中に「ファミリーロマンス」を思い描いていたことを前章では見た。そこで本章では、彼が結婚して実際にどのような家庭を築いていったのかを見ていきたい。子どもに名前をつける際に親側が何らかのイメージや思いを込めるのはよくあることだが、フロイトの場合それが顕著で、自分の恩師あるいはその妻の名前まで借りている。

ここではその恩師たちのことも取り上げよう。自分の志す分野で成功した人や、人格的に素晴らしいと思える人に強い憧れを抱き、自分自身も成功や向上を目指して努力していくということは、比較的多くの青年に見られる。同様にフロイトも、尊敬する師への憧れを原動力とし、その人と親しく交わり、その元で教えや励ましを受けながら精進していった。またその際、精神面・勉学上の恩恵だけでなく金銭的にも、彼らから多大な恩恵を受けている。

そこで本章では、フロイトが恩恵を受けた年輩の人たちとの関係や、彼が築き上げていった家族構成を中心に見てゆくことにする。

僕の親切な親衛隊

フロイトは多くの人からそうとうな援助を受けていたが、ここでは、彼が婚約中にマルタへの手紙で「僕の親切な親衛隊 meine freundschaftliche Garde」とよんだ人に絞って見ていきたい（一八八四年八月三日）[1]。その手紙で「親衛隊」としてフロイトが挙げている人は、ブロイアー、フライシュル、シュヴァープ、ハンマーシュラークの四名である。

この「親衛隊」は、豊かな才能には恵まれているが経済的には困窮している将来有望な青年フロイトを支援するために結成されたものではなく、ただフロイトが勝手にそうよんでいるだけである。ここに挙げられた人はみなフロイトに暖かく接し、また実際に金を貸したり与えたりした人たちである。彼ら全員が、《イルマの夢》でも重要な意味をもって関係してくる。

ブロイアーは次章で取り上げることにして、まず残りの三人、フライシュル、シュヴァープ、ハンマーシュラークに関して見ていきたい。

まずは「親衛隊」たる所以、フロイトが彼らから受けた多大な「恩義・借金 Schuld」に注目しよう（Schuld には「負い目・罪」という意味もあり、それを含めて《イルマの夢》の中心テーマとなっている。さらにはこれが生涯にわたって取り組む大問題ともなってくる）。

フロイトがソフィーとパネトから大金の入った銀行口座をもらったことは先に触れたが、ほかにも彼は実に多くの人たち（とりわけこの「親衛隊」）から多額の借金をしている。[2]

ジョーンズによれば、「最初の援助者は、昔の恩師であるハンマーシュラーク」である。「年長の人びとの間では、学校で聖書とヘブライ後をフロイトに教えたハンマーシュラーク教授がもっとも重要な人であった。フロイトは彼について次のようにいった。『彼は何年もの間私をこちらが感動するほどに愛していています。二人の間のひそかな共感があって我々は一緒に親密に語りあえるほどです。彼はいつも私を自分の息子と見なしています。』彼はハンマーシュラークの妻をもっとも高く評価していた。[3]」

マルタへの手紙でもフロイトはハンマーシュラーク夫妻のことを、「私はこの人たちほど善良で、人間味に溢れていて、いかなる卑しい動機とも無縁な人たちを知らない」と述べている〔一八八四年一月十日〕。[4] またその手紙では、ハンマーシュラーク夫妻の一人娘であるアンナのことにも触れている。「これは実に素晴らしい娘だ」――このアンナ・ハンマーシュラークこそ、仮名「イルマ」として登場するヒロインなのである。

シュヴァープ夫妻も非常に裕福であり、フロイトは始終家に出入りし、暖かいもてなしや経済的援助を受けていた。そしてこのシュヴァープ夫妻の娘が、《イルマの夢》における影のヒロインともいうべきソフィーである（ちなみにシュヴァープ夫人とハンマーシュラーク夫人は姉妹、アンナとソフィーは従姉妹の関係である）。

次に「親衛隊」の一員フライシュルに関して紹介しよう。彼は、フロイトの人生で極めて重要な意味をもつ人物なので、少し詳しく述べたい。

フライシュルへの愛

フロイトは一八七三年秋、十七歳でウィーン大学に入学する。彼は純粋に医学生のための学科はそう熱心に学ばず、隣接の分野や興味のある科目をあさりまわった。一八七六年にエルンスト・ブリュッケの研究室に入り、やっと落ち着く。フロイトは婚約する一八八二年六月までの六年間、ブリュッケの生理学研究室に所属した。そこで助手のフライシュルや同僚のヨセフ・パネトなど、生涯にわたって重要な意味をもつ人物たちに次々と出会う。またブリュッケを通じて、ヨセフ・ブロイアーとも出会っている。[5]

神の創造の貴重なわざ

婚約者のマルタに出会ってからというもの、フロイトが彼女を熱愛していたことは、マルタに宛てた九百通以上の手紙のほんの一部を読んでみるだけでもわかる。ところが、フロイトには他にも愛する人がいた。女性ではない。それがエルンスト・フライシュルである。婚約して十日後の手紙の一部を覗いてみよう〔一八八二年六月二十七日〕[6]。

彼はまことに素晴らしい男性で、自然と教育とが、彼においてその最善を尽くしたと言える。裕福で、あらゆるスポーツを身につけ、その男性的な容貌には天才のひらめきがあり、ハンサムで、洗練され、あらゆる才能にめぐまれ、ほとんどすべてのことに独創的な判断を下す能力をもっている。彼は常に僕の理想であって、僕らが友だちになり、僕が彼の能力と価値に純粋な喜びを抱けるようになった時に、はじめて僕は落ち着いた気持ちになったものだ。

誉め尽くしている。単に誉めあげるのみならず、続く後半では「彼だったらマルタのような娘に、いったいどんなことをしてあげられるだろうか。……彼のような恋人と、力や影響力を分かちあうことは、彼女にとってどんなにか幸福なことだろうか」などと、白昼夢めいたことまで綴っている。婚約してわずか十日後にこのような手紙を受け取って、マルタはどのように思っただろう？　次に紹介する手紙でフロイトは、彼がフライシュルを愛しているからといって、妬まなくてもよいと書き送っている（一八八三年十月二十八日の手紙）[7]。

私は彼を、もしそのような言い方が許されるならば、知的な情熱をもって尊敬し、愛しています。……私は彼を、一人の人間としてよりはむしろ、神の創造の貴重なわざとして愛しています。だからあなたは全然妬むことはないわけです。

エルンスト・フライシュル

マルタへの愛と並行して、「神の創造の貴重なわざ kostbares Stück der Schöpfung」としてフライシュルへの愛があったわけだが、それでは、マルタへの愛は「性愛を含む異性への愛」、フライシュルへの愛は「優れた先輩への友愛」などと分けられるものなのだろうか？　その二つに関係があるとしたらどう関わっているのだろうか？　こうしたことも後に徹底的に問題化されてゆくことになる。

病いと援助、そして……

フロイトがそこまで憧れたフライシュルは、不幸なことに、病理解剖中に手に怪我をし、細菌に感染してしまっていた。そしてそのことからくる激痛と闘いながら、さらに研究にも励んでいた。彼は痛みから逃れるためモルヒネに頼っていた。その結果モルヒネ中毒となってしまい、彼の状態をさらにみじめなものにしていった。

そのようなフライシュルを助けたいと強く念じていたフロイトは、一八八四年頃から数年間、コカインに関して研究をする。彼はコカインでフライシュルを救えるのではないかと考え、一八八四年五月はじめ、フライシュルにコカインを与えた。その六月には彼を症例として取り上げて、「コカインについて」という論文も書き上げている。また一八八七年に発表された論文でも、（名前は出していないが）フライシュルのことを取り上げ、「コカインの使用によって治療されたモルヒネ常用者の最初の例」であると主張している。[8]

フロイトのおかげでフライシュルはモルヒネ中毒から脱した。しかし今度はコカイン中毒となってしまったのである。コカインが慢性中毒症状をもたらし、「白い蛇が自分の皮膚の上をはいまわっている」という譫妄が起こるなど非常にみじめな状態となっていった[9]。こうしてフライシュルは、コカイン中毒に苦しみ、その悲惨さのなかで死んでいった。

家族（あるいはファミリーロマンス）の展開

これら「親衛隊」たちは、フロイトが築き上げていく家庭と大きく関係していく。フロイトは一八八六年九月に結婚し、以後子どもが次々と生まれ、男の子三人、女の子三人の計六人の子どもをもつことになるが、その子どもの名づけ方がまずもって特徴的である。

第一子長女は、ヨセフ・ブロイアーの妻の名をとって「マティルデ」と命名された[10]。続いて三人の男の子。長男が、フロイトが傾倒したシャルコーの名をとって「ジャン・マルティン」、次男は、尊敬する歴史上の人物クロムウェルに因んで「オリヴァー」、三男が、ブリュッケから「エルンスト」となる[11]。

三男のエルンストはブリュッケの名をとったとされているが、同じく「親衛隊」の一員フライシュルにも因んでいると思われる。彼がコカイン中毒に苦しみつつ死亡したのが一八九一年十月二十二日、ブリュッケが死亡したのが一八九二年一月七日と、たて続けに二人のエルンストが死亡している。その両エルンストが死亡した時期、フロイトの妻マルタは第四子を妊娠中で、一八九二年四月六日に生まれたその子が、「エルンスト」と名づけられたのである。

そのあと第五子次女は、シュヴァープ夫妻の娘で後にパネトの妻となった女性の名をとって「ソフィー」と命名されている。先に序章で、目を泣きはらしたソフィーの描写を取り上げたが、それは夫が死んで三年後の命日と記されているから（パネトは一八九〇年一月四日没）一八九三年一月だと特定できる。ちょうどその頃マルタは第五子を妊娠中で、同年四月十三日に生まれたその子が「ソフィー」と名づけられたのである。

そして第六子で末っ子となった三女が、ハンマーシュラーク夫妻の一人娘の名をとった「アンナ」である。こうして女の子は三人とも「親衛隊」と関係していることがわかる。

交錯するプロット

子どもの名づけ方を中心に家族の形成を述べたが、これはフロイトが婚約中に構想していた「ファミリーロマンス」の展開と見なすこともできる。

ファミリーロマンスのことを記した手紙でフロイトは、「どんなロマンスにも必ず二組かそれ以上の男女が登場し、それに従っていくつかの話（プロット）が交錯して現われるものだが」と述べているが、ここで見てきたことからわかるように、フロイトの家族だけを見てみても、そこにさまざまなイメージが織り込まれており、たしかに、いくつかのプロットが交錯している。

その手紙には、フロイトとマルタ、ソフィーとパネト、ミンナとシェーンベルクという三組の婚約中のカップルが登場しており、フロイト以外の男性二人は結核で死んだことは前章で述べた。ちなみにフロイトは、シェーンベルクが死んだのち、ミンナに対して「あなたのあわれなロマンスは終りになりましたが……」と書き送っている（一八八六年二月七日）[12]。これも視野を広げて見ると、彼のファミリーロマンスのひとこまとなっている。なぜならミンナは一生結婚せず、一八九六年からフロイトの家族の一員として共に暮らすことになるからである（のみならずフロイトとミンナは二人で旅行をしたりもする）。

また未亡人となったソフィーも、自身が家族となるわけではないが、フロイトの次女は彼女の名をつけられている。つまり、「ファミリーロマンス」の手紙に登場した三人の女性（マルタ、ミンナ、ソフィー）は、役割は異なるが全員フロイトの「家族」となっている。結核のように「死ぬ」というかたちではっきりわかる恐ろしさではないが、このフロイトの家族にも「結核性の恐ろしいもの」というべきものが潜んでいるのではないだろうか。この「結核性の恐ろしいもの」がいかに顕現し展開してゆくかは、後に第II部で見ることになる。[13]

（整理のため、本書に関連する範囲でフロイトの家系図を掲げておこう。[14]）

ヤコブ
(1815-1896)

*サリイと結婚
(1832)

エマヌエル
(1833-1914)

*マリアと結婚
(1852)

ヨハネ
(1855-?)

*パウリーネ
(1856-1944)

*アマーリエと再婚
(1855)

ジークムント
(1856-1939)

*マルタと結婚
(1886)

フロイトの家族（一八九八年頃）
前列（左から）ソフィー、アンナ。中央（左から）オリヴァー、マルタ、ミンナ、エルンスト。後列（左から）ジャン＝マルティン、ジークムント。（マティルデは学校に行っているためか、不在。）

人名左肩の記号は「女性」を示す

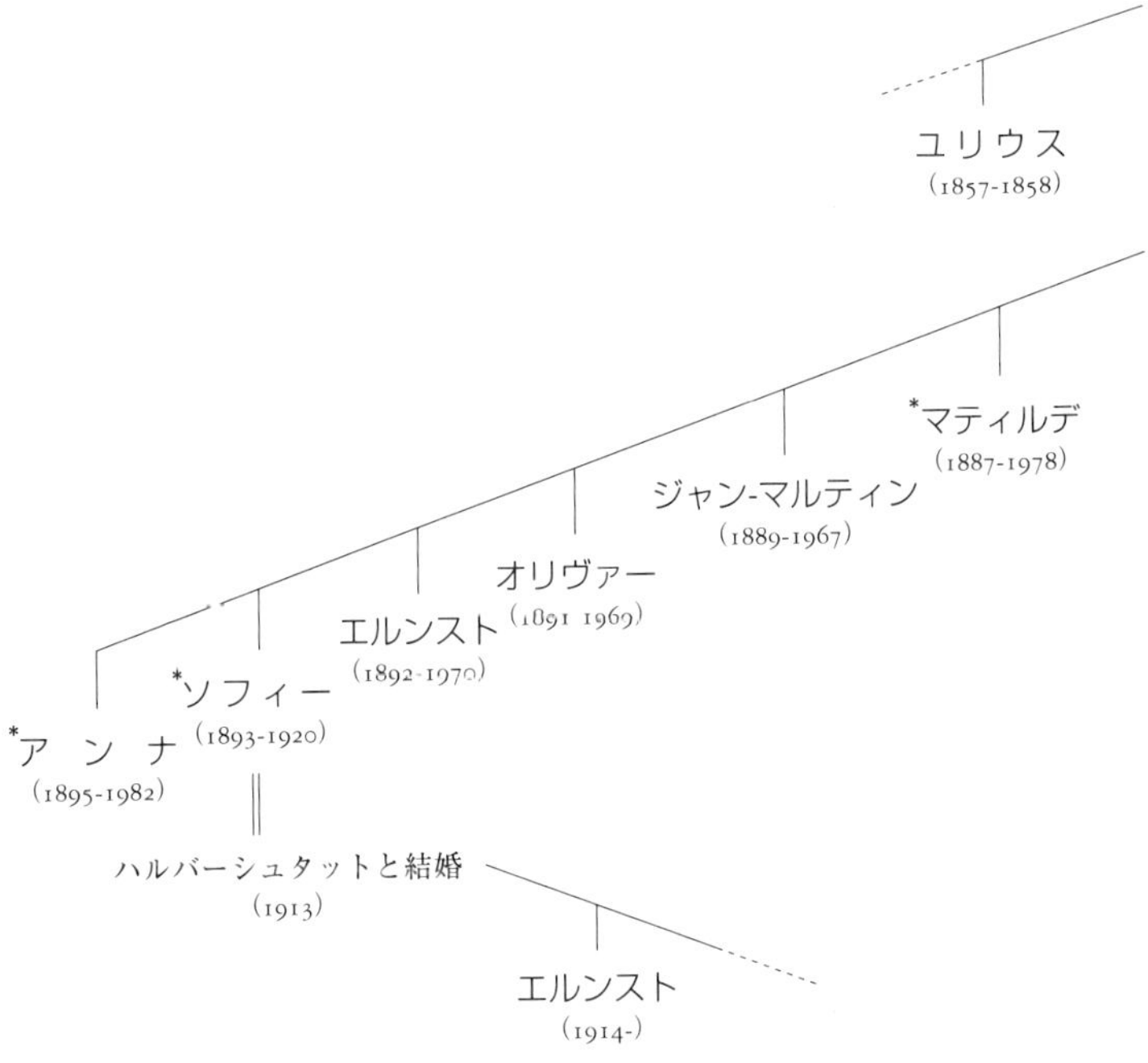

第三章　ある密かなテーマ

ソフィーが泣き暮らしている場面を序章で取り上げたが、その記述はフロイトとブロイアーの共著『ヒステリー研究』からのものである。ソフィーの主治医はブロイアーであるが、フロイトがソフィーを見ていろいろと思いを巡らせたり考察を書き記したりしているなかに、実は、彼とブロイアーの関係が（その時点では顕在化してはいないが）大きく絡んでいる。

そこで本章では、『ヒステリー研究』の背景にある隠れたテーマを中心に、フロイトの恩師であり金銭的援助者（前章で見たように「親衛隊」の一員）でもあるヨセフ・ブロイアーとのことを考えていきたい。

尊敬する師への憧れは、広い意味で愛情といえようが、「愛情」の問題は、フロイトが志した心理療法においては、その仕事の本質に関わる側面である。そこには、自分の愛情の問題まで含めて、思わぬかたちで巻き込まれてしまうという側面が本質にあるようだ。

この章ではまず、ブロイアーによるアンナ－Oの症例、そこでブロイアーが陥った困難に関して見てみよう。ブロイアーは治療者として彼女に関わっていたわけだが、彼女はブロイアーに恋心を抱き、想像上の妊娠をしたり、ブロイアーの妻マティルデが激しく嫉妬したりと、思わぬことが問題になってくる（その問題が、その症例を聞いて強くこころを動かされたフロイトまで巻き込んでいかに展開するかは、第II部で見てゆく）。そして次に、ブロイアーとフロイトが共に関わった患者、アンナ・フォン・リーベンの症例を取り上げたい。

アンナ－Oの恋心

ブロイアーは一八八〇年十二月から一八八二年六月まで、アンナ－O（本名ベルタ・パッペンハイム 1859-1936）というヒステリー患者を治療した[1]。彼女は多彩な症状をもっていたが、ブロイアーとの親密な治療関係のなかで、情動をおびた物語などを語ることによって症状が消失していった。彼女自身これを、「談話療法 talking cure」または「煙突掃除」と名づけている。ブロイアーはこれを「カタルシス」とよんだ。

フロイトは気の進まないブロイアーを促して『ヒステリー研究』を共同執筆した。ブロイアーによるアンナ－Oの症例の記述[2]は、科学的な論文を目指して客観性が心掛けられている。ところが、そこで記されていないところに思わぬ重大な問題があった[3]。

ブロイアーはアンナ－Oに関して述べている。[4]

性愛的な要素が発達していないことは驚くほどであった。一人の人間の生涯が他の者にこんなに見通せるようになるということは、非常にまれなことだと思うほど彼女の生涯は私に見すかすことができたのだが、そこには恋愛するなどということはたえてなかったし、病気中のおびただしい幻覚の中にも心情生活におけるこの要素は決して浮かび出てきたことはなかった。

この記述自体は別に嘘というわけではなく、きっとそのとおりなのだろう。

ブロイアーはほとんど毎日、ときには日に二度もアンナ－Oのもとに通い、催眠等を用いて治療していた。またそのことを自分の妻マティルデにもしばしば話して聞かせていた。そのようななかで次の問題が起こってきた。

ジョーンズが、フロイトの語ったこととして述べている。[5]

ブロイアーがアンナ－Oにあまり夢中になったので、彼の妻（マティルデ）は、その話ばかり聞くのにあきあきしてしまい、やがて嫉妬を感じるようになった。……これは彼の中におそらく愛と罪の意識のいりまじった激しい反応を引き起こした。そして彼は治療をやめることに決心した。彼はそのことをその時までにはずっとよくなっていたアンナ－Oに言い、彼女に別れを告げた。

アンナ－O
（ベルタ・パッペンハイム）

フロイトはこの件をどのように捉えていたのだろうか。彼はずいぶん後になってから手紙で次のように述べている〔シュテファン・ツヴァイク宛、一九三二年六月二日〕[6]。

彼女のすべての症状が克服されたのち、ある日の夕方、彼は再び彼女のところに呼ばれると、彼女は下腹部の痙攣を起こしてのたうちまわり、錯乱していたのです。どうしたのかと問われて、彼女は答えました、B博士からもらった子どもが今生まれてくるのだ、と。この時ブロイアーは、母たちの国への道を開いてくれたかもしれない鍵を手にしたのでした。ところが彼はそれを手放してしまったのです。彼は大きな精神的素質を持っていたにもかかわらず、ファウスト的なものを何も持ち合わせていませんでした。因習的な驚きに駆られて彼は逃げ出し、別の同僚にその患者をゆだねてしまいました。彼女はさらに何ヵ月も療養所で回復のために苦闘することになりました。

ブロイアーが彼女に治療終結を告げた後で、想像妊娠、陣痛という状態が現われたのである。彼がアンナ－Oを「性愛的な要素が発達していないことは驚くほどであった」と記しているのはそのとおりなのだろうが、この治療の最後に現われているのは、「妊娠－陣痛」という露骨なかたちでの性愛的要素である。そうした要素はそれ以前のお互いの親密な関わりにおいても、具体的なイメージや行動では現われなかったにせよ、広い意味で底流していたと思われるのだが（フロイトもそう考えるのだが）、ブロイアーはそれを認めることができなかったようである。

マティルデの自殺未遂

ブロイアーがアンナ－Oの治療を打ち切ったのは、妻マティルデが激しく嫉妬したためであった。彼女は単なる嫉妬にとどまらず、自殺未遂までしている。フロイトと親交の深かったマリー・ボナパルトの日記に次のように記されている[7]——「フロイトはブロイアーの話を私にした。妻がアンナ＝ベルタの治療の終りごろに自殺未遂をしたこと。その続きは周知のとおり。アンナの再燃、想像妊娠、ブロイアーの逃亡」。

マティルデが激しく嫉妬し自殺未遂までしたのは、夫ブロイアーとアンナ－Oとの関係に性愛的なものが流れていることに勘づいたためと推測できる（マティルデからすれば、夫ヨセフが若い娘に熱をあげ、まいにち一、二度も通い詰めているように見えたのだろう）。ブロイアーは後に「私は当時、こんな試練は二度と御免だと心に誓いました」（一九〇七年十一月二十一日）[8]と回想している（実際ブロイアーは、これに懲りたのか、以後ヒステリーの心理治療から手を引いてしまう）。

ブロイアーのように……

フロイトはブロイアーと異なり、ここにヒステリーと関係した何か本質的な問題が現われていると見なし、その経験や考えを深めてゆく。彼は一八八三年頃、ブロイアーからアンナ－Oの話を聞いており、手紙で婚約中のマルタに伝えている。マルタは、すぐにブロイアー夫人

ブロイアーとマティルデ

に同一化し、「自分は似たようなことを決して体験したくありません」という希望を述べた。[9] それに対してフロイトは次のように返事をしている（一八八三年十一月四日）。

あなたがマティルデのような運命となるためには、私がブロイアーのようにならねばならないのですから、あなたは心配する必要はありません。

自分はブロイアーのようにはなれないだろうから、マルタはマティルデのような立場で苦しむことはないだろうから心配しなくてよい、と述べている。これは言葉を補っていえば、「自分はブロイアーのようにはなりたくてもなれないだろうから」という希望的な意味合いを含んでいると考えられる（「ヨセフのようになりたい」という思いもフロイトの生涯のテーマであることには第九章で触れよう）。

実際彼はブロイアーのようになる手始めに（かどうかはわからないが）、結婚して翌年に生まれた長女を、ブロイアー夫人の名をとってマティルデと名づけている。マルタは「マティルデのようにはなりたくない」と言っているのに、自分の生んだ最初の子にその名前がつけられて、どんな思いだったろう。こうしたことを皮切りにフロイトのファミリー（ロマンス）がどのように展開し、マルタの希望がいかに破られていくかは、あとで見てゆくことになる。

師匠かつプリマドンナ

アンナ－Oがブロイアーにとって決定的な女性患者であったのと同様、当時のフロイトにも決定的な影響を及ぼした女性患者がいた。その名はやはり「アンナ」である。《イルマの夢》の中心は、フロイトがアンナ・リヒトハイム（仮名イルマ）に対して「あなただけのSchuld（罪・責任）です」と言うくだりなのだが、ここでは、名前だけでなくテーマからしても《イルマの夢》と大きく関係している、アンナ・フォン・リーベンという患者に関して見てゆくことにしよう。

フロイトは『ヒステリー研究』のなかで自分の担当した症例を四つ報告している。その四例には入っていないが、「本書に論じる他のどの患者よりもはるかに徹底的に知っていた」という重要な症例として、チェチーリエ－M夫人（仮名）という女性患者が登場している。彼女の本名がアンナ・フォン・リーベン（Lieben は愛という意味で、「愛のアンナ」というニュアンスになる）。彼女は、後にフロイトが「師匠 Lehrmeisterin」「プリマドンナ」とよぶほど、極めて重要な患者である。

『ヒステリー研究』から、彼女に関して述べられている大事な箇所を見てみよう。[10]

アンナ・フォン・リーベンは独特なヒステリー状態に陥っており、それをフロイトは「ヒステリー性贖罪精神病 hysterische Tilgungspsychose」とも名づけている。

彼女はそれまでに無数の心理的外傷を体験し、さまざまな現象を伴った慢性ヒステリーにかかって長い年月を送っていた。彼女の記憶は目立って脱落しており、「私の人生は私にとってこま切れのようです」と嘆いていた。しかしある時、彼女の治療において転機が訪れた。

ところがある日突然、昔の記憶がまのあたりにみるようにまざまざと、いきいきとした感覚の新鮮さを伴って彼女の心によみがえってきた。その時以来、彼女はほとんど三年にわたって、生まれてこのかたの外傷をすべて――とうの昔に忘れてしまったと信じられていた外傷や、もともと一度も思い出したこともない外傷を――あらたに体験しなおしたが、それは驚くべき苦悩と、かつて体験したあらゆる症状の再現とを伴っていた。この「古い罪の償い Tilgung alter Schulden」は三十三年の年月を含んでおり、彼女の状態の一つ一つが、往々にして極めて複雑に規定されていることを示してくれた。

治療の過程そのものが、「古い罪の償い」とよばれているところが印象的である。それは「驚くべき苦悩」と「あらゆる症状の再現」を伴っていた。彼女がどのような罪を犯し、どのように三十三年にわたる罪の償いをしたのかはわからないが、ともかく彼女にとって「罪の償い」が根本的なテーマだったようだ。

その後、彼女のことをフロイトが「師匠」とよんでいるのも印象的である。アンナ - Oがブロイアーに多くのことを教えたように、フロイトもアンナ・フォン・リーベンから実に多くのことを学んでいるのである。
ところで Tilgung alter Schulden は「古い罪の償い」と同時に「古い借金の返済」の意味をもつ。前章でもみたようにフロイトはさんざん借金をしており、この時点でのフロイトにとってはひょっとすると「借金の返済」のほうが現実的・直接的だったかもしれない。だが、借金を返済すればそれで済む問題でもない。またフロイトの場合、借金した相手が死んでしまっている場合も多く、踏み倒した借金も多額である。返せなかった借金、受けた恩恵は、いったいどのように返すことができるのか。師匠のアンナ・フォン・リーベンと同様、フロイトにおいても Tilgung alter Schulden が生涯のテーマとなってゆく。

あの二人ときたら……

後に根本的な問題となってゆく密かなテーマが他にもある。『ヒステリー研究』のいくつかの症例では、ブロイアーとフロイトが同一の女性患者を治療している。ブロイアーは年輩の先生で、フロイトは駆け出しの治療者。その二人が女性患者を治療しているという構図である。
ここで述べてきたアンナ・フォン・リーベンも、ブロイアーとフロイトの両方が治療者として関わっていた。フロイトは、自分の症例報告の最後にこんなエピソードを記している。[11]
そのころ彼女は、彼女の二人の医者——ブロイアーと私——が庭の互いに近くに立っている二本の木に首吊りにされているという幻覚によって悩まされている、と私に訴えたことがある。この幻覚は分析が次のようないきさつを見出した後に消滅してしまった。すなわち、前の晩に彼女はブロイアーにある薬をくれるように頼んで断られ、次に私に対して望みをかけたが、しかも私も同様にがんとして聞き入れないことがわかったのだ。そのことについて彼女は私たちに腹を立て、その感情の中でこう考えた、「あの二人ときたら、どっちもどっちだ。お互いがぶら下げる飾りPendantの一方だ！」と。

敬愛する患者アンナ・フォン・リーベンから「あの二人ときたら、どっちもどっちだ」といったことを話されて、フロイトはどんな心地がしただろう？　このエピソードの底でどのような思いが密かに進行しており、いかに顕在化していくか。そのことも《イルマの夢》以降の中心的テーマとなってゆく。

第II部　秘密の現われとその展開

ここまでは、「夢の秘密が現われた」という《イルマの夢》を見るに至るまでの時期を眺めてきたが、第II部では、それがいったいどのよう秘密で、どんなふうに展開していくのかを見てゆく。

フロイトの自己分析は、単に夢を解釈したり、過去の時点での背後の願望を見出したりすることにとどまらず、家族や友人などとの実際の人間関係の変化をも含んで展開する。それは、新たに展開してゆく夢や人間関係、出来事を通して、自分のありかたが変容し、自身が築き上げられてゆくというダイナミックな過程である。

第II部ではこのダイナミックな展開を追っていきたい。

まず第四章で《イルマの夢》とその解釈を具体的に見ていこう。

第五章では、『夢判断』のなかで《イルマの夢》と双璧をなす、《Non vixit の夢》を中心に取り上げる。そこにはソフィーの亡夫パネトが登場する。フロイトが亡夫を「彼はそもそもこの世に存在しなかった Non vixit」と言いながら睨み消すという凄まじい夢。この夢の分析を通してフロイトが、幼児期からのことや、現時点での人間関係をも巻き込みながら、すさまじい参究をしていく様を見ていきたい。なお、『夢判断』の出版をめぐるフロイトの思いや、出版後の反響もとらえておきたい（最初の反響はソフィーからのものだった）。

そして第六章では、『夢判断』が出版されて十年後から二十年後のあいだに起こったことを取り上げる。ソフィーの名を自分の次女につけたフロイトだが（第二章）、娘ソフィーは後にハルバーシュタットという写真家と結婚し、エルンストという男児（フロイトの初孫）を生む。そのエルンストが一歳半の頃に「いない／いた遊び」とよばれる特徴的な一人遊びをした。それを観察したフロイトは重要な論文で考察している〔一九二〇年〕。またフロイトは、娘ソフィーの夫と子どもが関係する夢を後に見て、その夢と解釈を『夢判断』改訂第五版〔一九一九年〕に加えている。そのようななかで「彼女が本当に『いない』となった日」がやってくることになる。こうした過程を貫いて、継続した問題（秘密）はどのように展開していったのだろうか。

自由に、新鮮な気持ちで

重要な言葉なので、《イルマの夢》の直前に置かれた一節を再び引用しておきたい。

私はここで読者にお願いせねばならないが、読者はかなり長い間、私の関心を読者自身の関心として、私の生活の極めて細々とした細部にまで、私と一緒に沈み込んでいただきたい。なぜなら、夢の隠された意味を知ろうとする関心のためには、そのような転移が絶対に必要だからである。

「他人の関心を自分の関心とする」ことがどのていど可能かよくわからないことであるし、これは非常に微妙な問題を秘めた言葉であると思う。ここに潜む問題に関しては、第III部で論じることにするので、この第II部では、とにもかくにも、フロイトのこの「お願い」に応えるよう、読者諸氏と共に、彼の語り口に丁寧に耳を傾けていくことを試みていければと思う。

フロイトが自己分析で行なったことの基本を一言で述べると、「あれこれ考えるのでなく、こころにやってきたものに自由にさせる」ことである。また、治療者としての基本もこれと同様で、「あれこれ考えるのでなく、ただ聴く」ということである。つまり、前もって何らかの「かまえ」をもつのでなく、「自由に」ということが、自己分析や治療や執筆すべてを貫く基本となっている（実際は、この「自由に」がほとんど不可能なくらい難しいことで、種々の妨げが起こってくるので、その妨げに丁寧に対処していくことが重要なこととなる）。

であるから、フロイトの文章を読んでいく私たちも、何らかの「かまえ」をもって読むのでなく、自由に読んでゆけたらと思う（「感情移入しよう」と力むのも無理がある。なるべく自由で新鮮な気持ちを保つほうが、実際上、「こころを関わらせて読む」ことになると思われる）。

フロイトは一九一四年の論文で次のように述べている〔著作集10 - 二六九頁〕。

私は、師シャルコーの忘れることのできない忠告に従って、思弁的な傾向を飼い馴らし、同じ事物を繰り返し新たに、それが自ずから何かを語り始めるまで、じっと見ることを習得した。

「繰り返し新たにじっと見る」という実践は、どこまでも汲み尽くすことのできない深さをもつのだと思う（その姿勢から、新たな何かが「自ずから」生み出されてくることが期待されるが、妨げとなるのは、「思弁的傾向」や、自分なりの理解でわかったつもりになってしまうことである）。

以上のようなわけで、フロイトの語り口を丁寧に引用していくことになるが、読者諸氏には、なるべく関心を共にされ、新鮮で自由な気持ちで読んでいただけるよう、（私からも）あらためてお願いしたい。

時間的展望

これまでの進行も振り返りながら、第II部で取り上げられる事柄を眺望しておく。

第一 - 三章

一八八四年 四 月（二十七歳） ソフィーとパネトがフロイトに大金を贈る
（フロイトは、ファミリーロマンスの第二巻「富」に入ったと大喜び）
一八八六年 九 月（三 十 歳） フロイトとマルタが結婚（この年の二月にマルタの妹ミンナの婚約者が死亡）
同年 五 月（二十八歳） ソフィーとパネトが結婚
（フロイトも結婚式に参列）
一八八七年 十 月（三十一歳） 長女マティルデ誕生
同年十一月（三十一歳） フリースとの文通が始まる
一八九〇年 一 月（三十三歳） パネト死亡、ソフィーが未亡人となる
一八九一年 十 月（三十五歳） フライシュル死亡
一八九二年 四 月（三十五歳） 三男エルンスト誕生
一八九三年 四 月（三十六歳） 次女ソフィー誕生
（泣いているソフィーにフロイトが出会った場面は、この年一月、パネトの死後
三年目の命日）
一八九五年 五 月（三十九歳） ブロイアーとの共著『ヒステリー研究』出版

第四章

一八九五年七月（三十九歳）《イルマの夢》を見る

（同年十二月に三女アンナ誕生。その後、ミンナがフロイトの家族となる）

第五章

一八九六年十月（四十歳）父ヤコブ死亡

一八九八年十月（四十二歳）《Non vixit の夢》を見る

一八九九年十一月（四十三歳）『夢判断』出版

第六章

一九一三年一月（五十六歳）娘ソフィーが写真家ハルバーシュタットと結婚

一九一四年三月（五十七歳）娘ソフィーが男児エルンスト（フロイトの初孫）を出産

一九一五年九月（五十九歳）初孫エルンストの「いない／いた遊び」をフロイトが観察

一九一九年（六十三歳）『夢判断』第五版出版（第一次世界大戦期に見た《息子の戦死の夢》を付加）

一九二〇年一月（六十三歳）娘ソフィー死亡

同年五月（六十四歳）『快感原則の彼岸』出版（「いない／いた遊び」の観察・考察が記されている）

フロイトの視線

この第II部を通じてフロイトの視線がテーマとなっている。

亡夫を想い、泣き暮らすソフィーはおそらく、故人の写真を繰り返し眺めては涙したことだろう。第五章で取り上げる《Non vixit の夢》では、フロイトがソフィーの夫を睨み殺すその「視線」がテーマとなるのだが、ここに掲げた写真から（非常に間接的にではあるが）その視線をうかがうことができるかもしれない。なぜとなら、これを撮った写真家こそ、後にフロイトの娘ソフィーの夫となるハルバーシュタットだからである。

予想のつくはずもない出来事が起こっていくなか、フロイトの視線およびそこにはたらいている「願望」などをめぐって、〝夢の秘密〟はいかに現われ、展開してゆくのだろうか。

フロイト（1909年）

第四章　夢の秘密が現われた日——イルマの夢

この章では、序章や第Ⅰ部で取り上げてきたことを踏まえて、《イルマの夢》とその解釈を具体的に見ていきたい。

まず初めに、夢が見られる前の具体的状況やその登場人物を記す。そののち夢解釈の中心部分へと歩を進めたい。フロイトの一応の結論は「夢は願望充足」であるが、解釈をしている現時点でも密かに願望がはたらいているし、その時点での人間関係などが解釈と関わっていたり盲点となっていたりするところにも秘密が潜んでいるようである。フロイトの場合、フリースなる人物との関係が、その自己分析全体を通じて重要なものとなっているが、本章の最後では、フリースとの関係の背後にある、ある女性患者をめぐる事件を取り上げよう。

フロイトが《イルマの夢》を見たのは、一八八六年九月〔三十歳時〕に結婚してから十年目の三十九歳時で、末っ子となる六番目の子（アンナ）が懐妊中のこと。家族の構成メンバーも出揃い、子どもも育つなか、自分の家庭が築き上げられ成長してゆく時期である。

「ファミリーロマンス」の手紙に登場している他の二組のカップルを見ると〔第一章〕、ソフィーとパネトのカップルは、結婚して六年後に夫パネトが死にソフィーは未亡人となっている。マルタの妹ミンナは結婚前に相手を亡くしている（彼女は生涯結婚せず、《イルマの夢》の翌年にフロイト家の一員となった）。フロイトとしては、自分の家族が順調に進むのは嬉しかったであろうが、他方、亡くなった友人たちのことや、幸せな結婚生活の夢を打ち砕かれた友人たちを見て、複雑な思いも抱いていたことであろう。

金銭面に関しては、この時期フロイトはそうとうの収入を得るようになり家計は黒字に転じてはいた。しかし、それまでに借りたり貰ったりした額はそうとうにのぼっている。増えていく家族を養わねばならないし、借金の全額返済からは程遠い状態である。また、返したいと思っても、フライシュルのように貸し手が亡くなっている場合もある。あるいはブロイアーとの場合のように、貸し手は「あげた」と思っているのに借り手が「返したい（けれど返せない）」と思っており、双方ですれ違っている場合もある。かようにSchuld（借金・恩義）をめぐっては複雑な思いがあっただろう。

夢を見たのはブロイアーとの共著『ヒステリー研究』が出版された二ヵ月後であるが、この時期ブロイアーとの関係には不和が際立ってきていた。ブロイアーはフロイトにとって、金銭上も仕事上もそうとうな恩恵を受けた先輩であるが、心理学のうえでは考えの相違がはっきりとしてきて、フロイトは独立して自分の立場を打ち出したい希望も強くなってきており、ブロイアーとの関係は葛藤をはらんだものとなっていた。

こうした状況のもと《イルマの夢》が見られた。

前日の出来事

フロイトはその前の時期、アンナ・リヒトハイムという女性（夢での仮名はイルマ）を、ヒステリーということで治療していた。第二章で見たように彼女は、フロイトが恩恵を受けた「親衛隊」の一員ハンマーシュラークの娘である。彼女はルドルフ・リヒトハイムという男性と一八八五年に結婚したが、翌年その夫が結核で亡くなり、早々に未亡人となっている。フロイトの心理治療は部分的に成功したが、完全には症状がなくならないまま、夏休みに入ったため治療を中断した。

その七月、フロイトの家族はベルヴューに滞在していた（七月二十六日は妻マルタの誕生日で、ベルヴュー館で誕生パーティーが開かれることになっていた。そこにはアンナ・リヒトハイムも呼ばれていた）。

そこへオットーという後輩が、アンナ・リヒトハイムとその家族を訪ねたあとで、フロイトのもとへ姿を現わした。フロイトが彼に、アンナの様子はどうだったかと尋ねると、オットーの応えは、「前よりはよさそうだが、すっかりよくなったわけではない」というものであった。

その返答の仕方からフロイトは不快感を抱いた。ハンマーシュラーク夫妻が、娘アンナをフロイトが治療していることに好意的でなく、そのことがオットーの応えに反映している、と感じたことをフロイトは記している。私たちも些細なきっかけから、「自分が好意的な眼で見られていないのでは……」と感じ取ってしまうと、気になってしかたないことがあるが、その日のフロイトも、そうしたはっきりしない苦痛を感じていたのである。

フロイトはその晩のうちに夜遅くまでかかって、アンナ・リヒトハイムの症例を書き記した。「自分の弁明のために zu meiner Rechtfertigung」共通の友人であり「当時私たちの仲間では指導的な人物だった」ヨセフ・ブロイアー（夢の中での仮名はドクターM）に見せるためである。

その夜、明け方近くに夢を見た。

《イルマの夢》[1]

大きなホール——私たちはたくさんのお客を迎えている。——その中にイルマがいるので、私はす

ベルヴュー館

ぐさま彼女を脇の方に連れ出し、いわば彼女の手紙に対して返事をし、彼女が例の「解決」をまだ受け入れようとしないのを非難する。私はこう言う。「まだ痛むと言ったって、それはあなただけのせいSchuldです。」——イルマは答える。「私が今どんなに痛いか、おわかりかしら、頸、胃、お腹のあたりが。ああ締めつけられるようだわ。」——私はびっくりして、彼女の顔を見つめる。蒼白で、むくんでいるようだ。それではやはり何か内臓器官の障害を見落としていたかな、とも考える。窓際へ連れていって、喉を診る。するとイルマはちょっといやがる、ちょうど入れ歯をしている婦人たちがよくするように。いやがる必要なんかないのに、と私は思う。——それから口を大きく開けた。右側に大きな斑点が一つ見つかる。そして別の個所に、はっきりと鼻甲介状の、妙な縮れた形のもの、広く伸びた、白灰色のかさぶたが見える。——私は急いでドクターＭを呼んでくる。〔中略〕オットーはイルマが病気になってまもなくプロピュール製剤の注射をしたのだ。……プロピレン……プロピオン酸……トリメチラミン（この化学方程式がゴシックで印刷されて私の目の前に見える）……こんな注射はそう軽率にやらないものだが……たぶん注射器の消毒も不完全だったのだろう。

夢の登場人物

夢の連想・解釈を深めていくなかで、「イルマ」という人物に複数の人物が重なって登場していることが明らかになってくる。フロイトは後々の手紙で《イルマの夢》に関して次のように述べている〔カール・アブラハム宛、一九〇八年一月九日〕。

性的な誇大妄想がその背後に潜んでいます。マティルデ、ソフィー、アンナという三人の女性は、私がその名をとって娘を名づけた女性たちなのです。しかも私の娘はその三人だけなのです！

この手紙から、イルマに重なっている人物はマティルデ、ソフィー、アンナだと特定できる。それにしても、フロイト自身「！」と驚いているが、これがフロイトの娘たち全員の名前なのが印象的である。つまり、娘の名前をそれにちなんでつけた女性が全員登場しているのであり、さらに妻のマルタまで登場することが夢の解釈ではっきり記されており、フロイトのファミリーロマンス（家族イメージ）といかに関係深いかがわかる。

背後ではたらいている願望

この夢の中心部分は、フロイトがイルマに対して、「まだ痛むと言ったって、それはあなただけのせい Schuld です」と言うところだろう。これは夢の中の言葉ではあるが、「起きている時でも言いかねない言葉であるし、あるいは実際にそう言った」とも述べられている。

夢の分析の過程は、「あなただけのせいです」と人に押しつける背後で自分の側のさまざまな願望や Schuld（借金・責任・過失）をいかに棚上げしていたかに気づいてゆく過程ともいえる。そして、このような過程を通じてフロイトは、夢は願望充足であることを発見した、というように書いている。ただし、ここで「夢は願望充足である」という結論だけを覚えてもあまり意味はなく、どのような願望がどのようにはたらいていて、それにいかに気づき、いかに表現したかが重要なことだろう。

次節では、第I部で取り上げた重要人物を中心に、フロイトの口上を紹介しながら、ともにじっくり耳を傾けたい。もしかして、「こんなことを考えていたのか」と驚いたり、「なんて奴だ!」と憤ったりされるかもしれぬが、だとすると、おそらくフロイト自身がまず、そのように驚いていたことだろう(それほどに、「自分にはこんな願望が……」と驚きながら、しみじみと痛感させられていく体験をしていったことがうかがわれる語り口なのである)。

夢の解釈 ―― 責任のがれと復讐

解釈の要点を抜き出すと大事なところが伝わらない。かといって長々と引用するのも煩雑となる。そこで、本書でのテーマに沿って重要な人物ごとに引用していくことにしたい。

まず、ソフィーは次のように登場する。

窓ぎわに立っているイルマの様子は、突然ある別の出来事を思い出させた。イルマには女性の親友があって、この女性を私は非常に尊敬していた。ある晩、私がこの女性を訪問すると、夢に現われたのとそっくりの状況で彼女は窓ぎわに立っていた。……

今、次のことが思い浮かんだ、ここ数ヵ月、この女性も私の患者と同様にヒステリーだと考えられる十分な理由があると思っていたことを。……彼女が夢の中のイルマのように、喉を締めつけられるようなヒステリー性妄想に悩んでいるということを私は知っていた。つまり私は夢の中で、私の患者をその女性で代用したのである。その婦人が自分の症状を取り除いてもらいたいといって私に頼んでこないかという空想をしばしばもてあそんでいたことを、私は今思い出した。

フロイトはソフィーもヒステリーではないかと疑っており、彼女を治療したいという空想をしばしばもてあそんでいたのだった。「イルマをソフィーで代用したい（取りかえたい）」という思いは、この夢の解釈で繰り返し出てくる。

夢のなかのトリメチラミンの連想でフロイトは、「性」との関連で「未亡人」に関して次のように述べている。

私の患者のイルマは若い未亡人である。彼女の友人たちは未亡人であるという状態が変わればいいと望んでいる。もし私がイルマの治療の失敗の言い訳をしようとするなら、この未亡人であるという事実を引き合いに出すのが一番手っ取り早いであろう。それにしても、このような夢の構造は何と奇妙であろうか！　私がこの夢の中でイルマの代りに患者にしようとした女性もやはり若い未亡人なのである。

フロイト自身、驚いている。若い未亡人を治療するに際しての思い、さらに別の未亡人ソフィーで代用したいという思い、さらには「未亡人なのだから、性的な欲求不満を言い訳にすればよい」という思いまでが述べられている。これらの問題はさらに突き詰められていくことになる。

ところで、どんな熱愛ののち結婚したカップルでも、その関係は、時間が経つにつれて変化を遂げていくものであろう。フロイトも結婚生活十年目を迎え、婚約中の頃とはそうとうに違ってきている。妻マルタは次のように登場する（私は、フロイトの自己分析全体を通じて一番重要なテーマとなっているのが、実は夫婦関係かもしれないと睨んでいる）。

　ある別の人物のことが思い浮かんだ。……この女性もやはり私の患者ではなく、私の前でいつももじもじ遠慮ばかりしており、患者であったなら、扱いにくいだろうと思われたから、患者にはしたくないと思っていた。顔色はいつも蒼白で、一時特に幸福だった頃にはいやにむくんでいた。

　フロイトはこの箇所に註を付け、「私自身の妻である」とはっきり述べている。この引用文を読むだけでも、フロイトが自分の妻のことをずいぶん冷ややかに取り上げている印象は否めない。事実彼も、冷たく記述していることを悪く思ったか、その同じ脚註で次のように弁解している。

　白状しておかねばならないが、私はこの夢の中でイルマと妻とをあまり好意的にはあつかってないが、弁解させてもらえれば、私はこの二人を、けなげで従順な患者という理想を基準にして計ったのである。

　妻を「けなげで従順な患者という理想」に照らして計るとは、あまり弁解になっていないように思われる（ただし、フ

娘アンナ（左）と娘ソフィー（右）

ロイトは意識的な判断を述べているわけでなく、実際にそのような思いが自分を貫いている、と思わざるを得ないところをそのまま記しているのである)。

そして次に、三人の女性の比較が述べられている。

そのようなわけで、私は自分の患者イルマを別の二人の女性と比較していたのだ。この二人はいずれも診察をいやがるふしのある女性なのである。私が夢の中でイルマを彼女の友人と取りかえたのは、どんな意味があるのだろうか？　たぶん私は取りかえたいと思っているのだろう。その別の女性が、私により強い共感を呼び起こしたか、あるいはその女性の知性をより高く評価しているかだろう。つまり私は、イルマが私の解決を受け入れないので馬鹿だと思っている。別の女性のほうが、もっと利巧で、だから私のいうことをよくきくだろう。「それから口を大きく開けた。」彼女だったら、イルマよりもっといろいろなことを話してくれるだろう。

さて、ブロイアーへの感情も重要なテーマとなっている。彼を嘲笑する気持ちや、「君はこの事態に対し無知な人間なのだ」となじる気持ちがあることが繰り返し述べられている。

また、ブロイアーがソフィーのかかりつけの医者であることも触れられている。ソフィーは「見たところは、結核のような症状を示していた」と記されているが、フロイトはそれを、ヒステリー症状の現われではないかと見ていた。それなのにブロイアーは気づいていないのではないか、ということで次のように語っている。

いったいドクター・Mは、イルマの女性の友人であり彼の患者である女性に見られる、結核ではあるまいかと思われる症状が、ヒステリーに起因していることを知っているのだろうか。Mはこのヒステリーに気がついていたのか、それともヒステリーの手に「うかうかとのせられた」のであろうか？

ソフィーの亡夫もヨセフであったが、ブロイアーの名もヨセフ。ブロイアーはこの夢においても、フロイトがソフィーに近づくことを妨げる男性として現われており、「ヨセフという男とその背後の女性をめぐって」というのは今後も続いていくテーマとなる。

フロイトが「神の創造の貴重なわざ」として愛し、コカイン中毒で死んでいったフライシュルは、「一八九五年には既に亡くなっていた私の貴重な友人は、コカイン乱用のために、死を早めた」というような非常に簡潔なかたちで、三度、この夢の連想で登場している。

フロイトがフライシュルに対してひどいことをしてしまったのは明らかであるし、フロイト自身こころに懸かっているからこそ、かくも繰り返し連想に現われるのだろう。ところがフロイトは、「ひどいことをしてしまった」とか「後悔している」というような表現はいっさいしていない（このことも重要かつ微妙な問題である。第九章で改めて取り上げることにしよう）。

リヴェンジ責任のがれロマンス

「ファミリーロマンス」とは、フロイトが婚約者マルタと一緒に自分たちの将来の夢を思い描く際に用いた言葉であった。フロイトはフリースへの手紙（一八九八年六月二十日）で、ある小説を「ファミリーロマンス」の観点から解釈・説明し、ファミリーロマンスをさらに詳しく述べて「リヴェンジ責任のがれロマンス」という表現をしている（原語はRache - und Entlastungsromane、英訳は the romances of revenge and exoneration)。

《イルマの夢》は、フロイトの家族のメンバー（あるいは同名の人物）が続々と登場しているし、フロイト自身のファミリーロマンスのひとこまと見なすことができるであろうが、より詳しくいうなら「リヴェンジ責任のがれロマンス」と表わすのが的確かと思われる。

イルマの夢の連想・解釈において「責任のがれ」ということが徹底して繰り返される。夢の結論めいたことを述べた箇所を引用しよう。

夢の結論は、今なお残っているイルマの苦痛は私の責任ではなく、オットーにその責任があるということである。ところでオットーはイルマの不完全な治癒状況を話して私を不快にしたので、夢はオットーの私への非難を彼自身に突き返すことによって、彼に復讐している。夢は、イルマの容態についての責任は私にはないとして、彼女の容態を他の要素（一連の根拠づけ）に責任転嫁している。その夢は、ある種の事態を、私が願わしいと思うようなふうに表現している。つまり、夢の内容は一つの願望充足であり、夢の動機は願望なのである。

「リヴェンジ」に関しても次のように表現している。

しかし私の怒りの鞭を感じねばならないのは、オットーだけではない。私はいうことのきかぬ患者のイルマを、もっと利口で従順な別の女性で代用することで、イルマにも復讐しているのである。またドクターＭに対しても、彼の矛盾を黙過できず、ある明白な暗示によって、「君はこの事態に対し無知な人間なのだ」という意見を彼に向かって表明している。それどころか、どうやら私は彼からそっぽを向いて、もっとよく知っている別の人に向かって訴えている。ちょうどイルマにそっぽを向いて彼女の女友だちに、オットーにそっぽを向いてレオポルトに向かっていったのと同じである。これらの三人が追放されて、私の選ぶ三人で代用できたら、私はいわれのない非難を蒙らなくてすむのに！

相手に責任を転嫁し、復讐し、追放して自分に都合のいい人で代用したいという思いが、なんと徹底的に述べられていることだろう。ここで直接の患者であるイルマ（アンナ・リヒトハイム）をソフィーで代用し、ブロイアーをフリースで代用したい思いが述べられているが、「代用したい」ということがリヴェンジの思いであるところも印象的である。

マティルデという女性たちがこの夢に登場していることにも触れておこう。長女マティルデが、二年前に病気を患い、ほとんど死にかかったことが連想で出てくる。ブロイアーの妻マティルデとフロイトの長女マティルデは、死にかけただけであるが、さらに別のマティルデが登場している。

フロイトは、ある女性患者に重い中毒症を起こさせてしまったことを述べている。

中毒症にかかったその女性患者は、私の長女と同じ名前であった。今まで私はこのことを考えたことは一度もなかった。それが今、まるで運命の報復であるかのように、私にやってくる。人物の置き換えが別の意味で続けられているかのようである。あのマティルデの代りにこのマティルデ――眼には眼を、歯には歯を。あたかも私は、自分の医者としての良心が欠けていることを自己非難するようなあらゆる機会を探し求めているかのようである。

あとのほうでは「死んだマティルデ」と実名で述べられており、フロイトが中毒症を起こさせたその患者は死亡したことがわかる。ブロイアーの妻と同名の長女を家でかわいがる一方、同名の患者を死なせてしまっているとは、いったい何ごとだろう？　人に報復したい願望は確かにあるが、運命も自分に報復してくるというのだろうか？　「夢は願望充足」というけれど、自分を非難する願望もあるというのだろうか？

夢を契機として自己分析を深めていくなかで、フロイトにはさまざまな問いが痛切に突きつけられていったことであろう。「お前は、医師としての義務を真剣に受け取っていない。良心的でない。約束したことを果たさない」と突きつけられる思いがしたことも述べている。解釈によって夢の意味がわかってきたというよりも、Schuld をはじめとする重要なテーマがフロイト自身にとって、より深刻に問題化されてきたのである（おそらく、こうしたことに痛烈に直面させられていくこと自体が、夢に取り組むことの大きな意味なのだろう）。

娘マティルデ

フリースとの関係

ここまでは、過去の時点ではたらいていた願望が問題化されていく過程を主眼としたが、実は、解釈をしている現時点での事柄が、背後で重大問題になっている。「夢の秘密が現われた」と記した手紙はフリースなる人物に宛てられたものであるが、その秘密は、彼との関係自体とも深く関わっている。そこで本節では、夢の解釈には記されていないものの深く関係する事件をめぐり探っていきたい。

《イルマの夢》の時期、フロイトはブロイアーとは疎遠になって、フリースに傾倒してゆく。[2] フリースはベルリン在住の耳鼻咽喉科医で、フロイトの二つ歳下。彼は一八八七年秋にウィーンにやってきて、ブロイアーの勧めでフロイトの講義に出席し、知り合った。その後、手紙のやりとりを始め、特に一八九四年頃から一九〇〇年頃にかけて極めて親密な関係となっていく（フリースに宛てた二八〇通以上の手紙が公刊されており、フロイトの自己分析を知るうえで極めて重要な資料となっている。その一つで、「君は僕にとって無二の親友であり、僕

フロイト（左）とフリース（右）

の分身だ」などとも書いている〔一八九四年五月二十一日〕。

夢の連想において彼は、「私の見解が世間に入れられなくても、その人だけが賛同してくれるなら満足だと思うようなある人物」として登場しているが、これだけでも、フロイトがいかにフリースを高く評価し、大きな影響を受けているかがわかるであろう。

フリースは、一八九七年に『鼻と女性性器の関係について』という本を出版している。フロイトは夢で、嫌がるイルマの口を大きく開けさせ、中に「鼻甲介状の、妙な、縮れた形のもの」を見るが、当時フロイトはフリースの考えを妥当と思っていたのであり、これは明らかに女性性器と関係しているといえよう。

夢の連想で「私はイルマを彼に診てもらった」と述べているが、フロイトは実際に何人もの女性患者をフリースに診てもらっている。フロイトはヒステリーと性の関係に着目しており、フリースは鼻と性の関係に注目しており、そうして何人もの同一女性患者を二人で診ているのである。

このようななか、重大な事件が起こった。

エンマ・エクシュタイン事件

フロイトは《イルマの夢》を見る以前にエンマ・エクシュタイン〔1865‐1924〕なる女性患者をヒステリーということで治療していたが、彼女の鼻の診察をフリースに依頼している。フリースは一八九五年二月末にベルリンからウィーンにやってきて、彼女の鼻の手術をし、ベルリンに帰った。

その後、エンマの症状が悪化した。別の医師が診て発覚したのだが、フリースの手術で五〇センチものガーゼが鼻の中に残されていたのである。彼女はしばらく意識不明の状態に陥り、ほとんど死にかけている。手術の失敗は明らかであるが、フロイトはフリースを手紙で懸命にかばっている〔三月八日〕。「あなたは最良の処置をしたのです。ガーゼが残ったことは、どんなに慎重で幸運な外科医にも起こり得ることです。……誰もあなたを責めないでしょう。」

この他にも、フロイトは手紙のなかで、自分のフリースに対する信頼が決して揺るいでいないことを断言したりしている。フロイトはこの事件の約五ヵ月後に《イルマの夢》を見るのであり、夢の内容や連想からしても、いかにこの事件と深く関係しているかがうかがえる。ここに、フリースへの信頼が大きく揺らいでいることからくる葛藤が現われているのは確かだろう〔フロイトとフリースは、「会議」と称してさまざまな地で二人で会っている。フロイトは自分の患者をフリースに診てもらっているだけでなく、自分自身もフリースから「会議」の際に数度、鼻の手術を受けている。妙な関係だ。《イルマの夢》後の一八九五年九月の「会議」でも、フロイトはフリースに鼻を手術してもらっている。手術の失敗でエンマを死なせかけて

エンマ・エクシュタイン
〔手術の前〕

いることをよく知っているわけだから、内心さすがに不安を感じただろうが)。

事件のあと

エンマの容態は、一時もちなおしたり後遺症で出血を繰り返したりしており、それがフリースとの手紙のやりとりで繰り返し話題になっている。

エンマ事件の約一年後の手紙でフロイトは、「あなたも喜ぶにちがいない、エクシュタインの出血に関する全く驚くべき解明を見出した」と述べている〔一八九六年四月十六日〕。また十日後の手紙では「あなたは正しいということ、彼女の出血はヒステリー性のものであり、彼女は憧れから出血することがあるということを証明できるでしょう」と書き送る〔四月二十六日〕。さらに別の手紙でも、「願望出血 Wunschblutungen であることは明らかであり、疑いありません」と綴っている〔六月四日〕。

あまりな解釈だ。無自覚なままの「フリースのための責任のがれロマンス」とでもよべようか。鼻の中に五〇センチものガーゼを残したままにしたずさんな手術の後遺症が、エンマのその後の出血の原因であることは明らかなのに、フロイトはガーゼのことには一切触れず、必死になってフリースの責任を解除しようとしている。[3]

この事件は、人間関係やその背後にはたらいている願望が、いかに解釈という行為に影響を及ぼすかという、恐ろしい例といえるだろう。[4]

積み残された課題

《イルマの夢》を解釈する過程でフロイトは、自分の側の願望など諸要因のためイルマに責任を押しつけている点がかなりあることを学んだことだろうが（しかもエンマの事件との関連も考えたはずだが）、ことフリースに関しては、（少なくとも意識的には）高く評価していることが述べられているだけで、その関係自体は問題化されておらず盲点となっている。

このあとフロイトは誠実に自己分析を続けるなかで、フリースとの関係まで徹底的に問題化され、苦渋の時期を経てゆく。そこで次章では、自己分析のクライマックスでもあり、本章で取り上げたすべてのテーマがより深刻に扱われている《Non vixit の夢》を見ることにしよう。そこではフロイト自身の幼児期からの事柄が、フリースや家族も含めた現時点での人間関係と絡み合いながら、すさまじいばかりに語られてゆくことになる。

第五章　自身がさらけ出された日 ―― Non vixit の夢

ソフィーの亡夫パネトを睨み消す《Non vixit の夢》を中心に、《イルマの夢》以降、『夢判断』が出版されソフィーが最初の反響を示した頃までを追ってみることにしよう。

《イルマの夢》を見た翌年、父親のヤコブが亡くなる。そこで、父の死をどのように受けとめるかということがフロイトにとって重大な課題となってきた。父ヤコブはもちろんのこと、パネトほか親友や恩師の死をどう受けとめるのかという課題も重なり合うなかで、自己分析はますます真剣で差し迫ったものとなっていったのである。

そのようなときに見られたのが《Non vixit の夢》である。

本章ではまず父ヤコブの死とその葬儀について簡単に触れておき、そのあと《Non vixit の夢》に入っていきたい。第二の節では主に、パネト、フライシュル（そして父ヤコブ）などフロイトにとって重要な人物が「もう生きていない」ことをめぐって見てゆく。次なる第三の節では、幼児期を「思い出す」ことがいかに深く参究されているかを取り上げよう。そして第四の節で、フリースや家族など現時点での重要な人間関係までが巻き込まれて、どのように問題化されているかを見る。最後に第五の節では、『夢判断』の出版とそれをめぐる出来事（ソフィーが三日もおかずに見せたリアクションや、フリースとの決裂）を取り上げる。

父ヤコブの死

フロイトの父ヤコブ[1]が死んだのは一八九六年十月二十三日（享年八十）。葬儀は二日後の十月二十五日。その約一週間後にフロイトはフリースに宛てて手紙を書いている（十一月二日）[2]。

葬式が済んだ夜に見たちょっとした夢のことをあなたに話しておかなければなりません。私がある店に入ったところ、次のような掲示を目にしました。

眼を閉じるようお願いします

……掲示の文章は二重の意味があり、二つの方向に取れます。「死者に対する義務を果たさねばならない」（私が義務を果たさなかったので、大目に見てもらう必要があるみたいな言い訳です——義務を文字どおりに解釈すれば）。

この夢は、生き残った者 Überlebenden にきまって起こる自己非難 Selbstvorwurf の傾向の結果なのです。

彼は父ヤコブの葬式に遅刻してしまっている（『夢判断』でもこの夢が記されているが、葬儀に遅刻したことに触れないですむようにするためであろうか、その「前夜」に見た夢であると述べられている）。大切な葬儀の中心人物でありながら、なぜ遅刻してしまったのだろうか？　フロイトは、言い間違えや物忘れなどの失策行為にも隠された意味が潜んでいると考え、自己分析の対象にしているくらいだから、父の葬式に遅刻してしまったことは、大きな引っかかりとなったはずである。

「眼を閉じてください」という掲示を目にした夢は『夢判断』にも記されている。そこでは両眼だったか片眼だったかはっきりしなかったとされ、その両方が併記されている。そして、それらに対応する意味内容として「安らかに永眠してください」と「大目に見てください」という両方の思いが現われていると述べられている。

先の手紙でフロイトは、「この死をきっかけにして、私の内部では幼い頃のことがすべてよみがえってきました。私は今や、根こぎにされたような感じがしています」と書いている。父の死を契機に、いろいろな思い出がよみがえり、さまざま思いが体験されていく。父にまつわる過去がさまざまに思い出されていくわけだが、そ

父ヤコブ
（亡くなる年）

れにとどまらず、新たに見る夢や、新たに起こる出来事、その時点での人間関係とも絡み合いながら、彼の自己分析は進んでゆく。

フロイト自身が先の手紙で述べているように、「生き残った者に起こる自己非難」が主題であるが、そのテーマにどのように取り組んでいったのかという過程が重要なことである。

それでは、『夢判断』のなかでも圧巻の《Non vixit の夢》に入っていこう。

《Non vixit の夢》は、テーマとしても登場人物についても、夢の秘密が現われたという《イルマの夢》と密接に関連している。ここで「現われた」と訳している動詞は enthüllen で、「覆いが取られる」という意味であるが、フロイトは、《Non vixit の夢》の解釈中だいじな箇所で、その enthüllen を用いて次のように表現している。

自分の夢を解釈し、それを人に伝えることには、困難な自己克服が必要である。共に生活している人がみな高潔である中で、自分を唯一の悪人 der einzige Bösewicht としてさらけ出さねば enthüllen ならない。

《Non vixit の夢》には、「夢の秘密の現われ」がより不可思議に継続し、フロイト自身が「唯一の悪人」としてさらけ出されている、というようなすさまじさがある。その「秘密」が、幼児期からの事柄も関連し、現時点での人間関係とも絡み合いながら多彩に現われ、より徹底的に問題化されていることを見ていきたい。

《Non vixit の夢》[3]

夜、ブリュッケの実験室に出かけていると、ドアをノックする人があるので、開けると、フライシュル教授（故人）だった。彼は四、五人の見知らぬ人たちと一緒に入ってきて、少し何か言ってから、机にかけた。……

友人のFlが七月にこっそりウィーンにやってきた。私は路上で、彼がやはり私の友人のP（故人）と話をしているところに出会い、そして、彼らと一緒に行き、小さなテーブルに、彼らは向かい合いに、私はそのテーブルの狭い側の前方にかけた。Flは自分の妹の話をして、「彼女は四十五分で死んだ」と言い、さらに、「これは閾だ」といったようなことを口にした。Pにはその言葉の意味がわからなかったので、Flは私のほうを向いて、「私のことをどのくらいPに話したのか」と尋ねた。すると私は、一種奇妙な感情におそわれ、「Pは（何も知っているわけがないさ、だって彼は）もう生きてはいないんだから」とFlに言おうとした。しかし私は自分で間違いに気づきながらも、「彼はそもそも存在していなかったNon vixit」と言ってしまった。それから私はPを食い入るように見つめると、私の視線のもとで、彼は青ざめ、ぼんやりとしてきて、彼の目は病的に青くなり、――ついに彼は消え失せてしまった。私はそのことでむしょうに嬉しくなり、今や、エルンスト・フライシュルもただの幻Erscheinung、幽霊Revenantにすぎなかったということを理解し、そのような人間は、自分が望むあいだだけ存在するのであり、他者の願望によって消し去ることも全くあり得ることだとわかった。

彼はもう生きていない――登場人物

"Non vixit"（そもそもこの世に存在していなかった）という一句には多層的なことが集約されている。言葉として考えるとvixitは「彼は（ある期間を）生き、すでに死んでいる」という意味である。nonはその否定だから、Non vixitは存在していたという事実の否定で、「彼はそもそもこの世に存在しなかった」という意味になる。それと対比してフロイトが用いるのが"Non vivit"で、これは単に現在形の否定だから、「彼はもう生きていない」という意味である。

登場人物、ブリュッケとフライシュルは実名でそのまま出されている。Flはフリース、Pはヨセフ・パネト（解釈中に、ブリュッケ研究室時代の同僚であること、名前が「ヨセフ」であることが明記されている）。フリースを除いては実際に「Non vivit（もう生きていない）」人たちである。整理のため、死亡の日付を列記しておこう。

一八九〇年一月　四　日　ヨセフ・パネト死亡（享年三十二）
一八九一年十月二十二日　エルンスト・フライシュル死亡（享年四十五）
一八九二年一月　七　日　エルンスト・ブリュッケ死亡（享年七十二）

三人が年々たて続きに死んでいるところが印象的である。

フライシュルの覆いが取られる――夢の時期

フロイトが「神の創造の貴重なわざ」として愛し、結局コカイン中毒で死んでいったフライシュルのことは第二章で取り上げた。彼は実に有能で傑出した業績をあげていたため、ウィーン大学内のアーケードに彼の記念像[4]が建てられることになった。一八九八年十月十六日がその記念像の「覆いが取られるEnthüllung」除幕式である。そこへフロイトも参列し、《Non vixit の夢》がその後しばらくして見られたものであると解釈中に述べられている。それゆえこの夢は一八九八年十月後半に見られたということになる。

ちょうどこの夢を見た時期の十月二十三日は、父ヤコブの死後二年目の命日（日本でいえば三回忌）にあたる。フロイトは『夢判断』が出版されて八年後の第二版の序文で、『夢判断』という著書自体が「父の死に対するリアクションでもあると、書き終えた後になってからわかった」と述べているが、この夢も当然その一環であろう。それは、登場人物のパネト、フライシュル、ブリュッケ、そして登場はしていないが父ヤコブ、という複数の故人の思い出が絡み合っており、彼らが「もう生きていない」となっていることをいかに受けとめるか、というリアクションであるといえよう。

パネトの命日に「激しい力」がソフィーにはたらきかけたことを序章で見たが、その力は、フロイトに対してもはたらきかけている。フライシュル、父ヤコブと、自分にとって重要な人物の命日が続くなか、「力」

フライシュル記念像
（ウィーン大学内）

は激しさを増してはたらきかけ、フロイトの内面は激していったのであろう。そのようななかで見られたのが《Non vixit の夢》で、この夢と解釈は、彼自身の「思い出す儀式」の中心といえるかもしれない。

パネトのための記念像

"Non vixit"という言葉は、ウィーンのホーフブルクにあるヨセフ皇帝記念像の台石の碑文「祖国の幸福のために生きぬ Saluti patriae ***vixit*** 長かざれど、心身をあげて ***non*** diu sed totus」から取られたことをフロイトは記している（つまり、碑文では「長い」を否定している non が、夢の中では vixit の否定に用いられている）。

この碑文の中から私は、自分の夢思考中の敵意ある観念の系列にぴったり合うものを取り出したのである。その言おうとするところは、「あんな奴に口出しをさせてたまるか、だってもう生きちゃいないんだから」というようなものであろう。

さらにフライシュル教授の記念像の除幕式のときに思ったことを次のように述べている。

その時、私はまた、ブリュッケ教授の記念像をも見て、優秀な頭脳に恵まれて学問一途に没頭していた友人Pも、もし夭折さえしなかったなら、間違いなくここに銅像が建てられたのにと（無意識のうちに）考えて、残念に思ったにちがいないのである。そこで私は夢の中で、Pのために記念碑を建てたのである。ちなみに、友人Pの名前は、皇帝と同じくヨセフであった。

つまり《Non vixit の夢》のひとつの意味合いは、「優秀なパネトの業績を誉めたたえ、彼のための記念碑を建てた」ということになる。ところが同時に、ブリュッケ研究室時代に昇進をめぐってパネトを邪魔だと思う気持ちもあったことを次のように述べている（補足しておくと、フロイトがブリュッケ研究室を出たのち、彼が務めていた実験教授係をパネトが継いでいる）。

「私が座るのだから、お前はそこをどけ」と、当時、私はヨセフに非難せずにはいられなかった。彼はブリュッケ研究室の副手として私の後から入ってきたのだが、そこでは昇進はまことに遅々たるものであった。二人の助手のどちらもその地位を動かず、若い人たちはじりじりしていた。友人のヨセフは自分の人生が限られていることを知っていたし、その上にいる男性と特に親密な仲でもなかったから、時々そういう気持ちを爆発させた。……もちろん私だって、その二、三年前には、空席を埋められたらという同じ願望がヨセフよりもっと熾烈に動いていた。およそこの世に位階昇進ということがある限り、抑制を必要とする願望への道は開かれているのである。

フロイトは、パネトに対して「お前はどけ」と非難せずにはいられない気持ちがあったこと、パネトより熾烈に昇進したい思いがあったことを述べている。実際にブリュッケ研究室での昇進が遅々としていたことがフロイトが研究室を出た

ヨセフ皇帝記念像
（ウィーン，ホーフブルク）
台座の碑文に non と vixit の文字

理由のひとつでもあった。

要するに Non vixit の一句には、パネトの死を惜しみその業績を誉めたたえる意味合いとともに、「あいつはそもそもこの世に存在していなかった Non vixit」という強烈な敵意も込められているのである。

夢のあの場面には、友人Pに対する敵意と友情とのそれぞれの観念の流れが合流していて、それが“Non vixit”という語で表現されている（敵意が前面に出た表現で、友愛の情は表には出ていないが）。フロイトはこの愛憎混淆（のちにアンビヴァレンツとよぶことになる）を、「同一人物に対する正反対の反応、その両方ともが完全な正当性を要求し、しかも互いに妨害し合わない反応の並置」と表現しており、これはフロイトの生涯のテーマとなる。

間に合わない――感情の嵐

この夢の時期フリースは手術を受けていた。フロイトはそのことで心配していたのだが、自分が見舞に行かなかったことをめぐって感情の嵐が荒れ狂っていたことも述べられている。

友人の生命についての心配、見舞に出かけないことに対する非難、私の恥じ入る気持ち、自分の病気を口実に弁解しようという考え、これらすべてが一緒になって感情の嵐を作りあげ、この感情の嵐は眠っていながらもはっきりと感じとられ、夢思考の領域中を荒れ狂っているのである。

また、「間に合わない」ことをめぐって、（ブリュッケ研究室時代フロイトはよく遅刻をしていたのだが）あるとき早めに来て待ちうけたブリュッケ教授に恐ろしい「視線」で睨みつけられた思い出も記されている。

今でも脳裡に焼きついているのは、先生が私をじっと見つめたその眼の碧い色の恐ろしさであった。この碧い眼を前にして、私は今にも消え入りそうになった——ちょうど夢の中でのPのように（ホッとすることに、夢では私が見つめる役割である）。あれほどの高齢になられてもあんなに美しい眼をしていた偉大な師のことを知っており、しかも一度でも先生が激怒されたところを見たことのある人なら、当時の若い罪人 der jungendliche Sünder の気持ちがわかってもらえるだろう。

「遅刻」が問題となっていることには当然、父親の葬儀へ遅刻してしまったことも重なっているであろう。かつて自分の遅刻を責めるブリュッケの「視線」で消え入りそうになった経験のあるフロイトが、《Non vixit の夢》では、その視線でパネトを睨み消しているわけである。

「もう生きていない」というテーマなのに

「感情の嵐」と表現されている文章には次の脚註が付いている。

無意識の夢思考からのこのファンタジーは、絶対に、"Non vixit"ではなく、"Non vivit"を要求している。「お前は間に合わなかった、彼はもう生きていない。」　夢の顕在的な状況もまた"Non vivit"を目指していることは~頁で示しておいた。

この註でフロイトは、夢の顕在的な状況（夢から直接みてとれること）も、そこから推定される思考においても、"Non vivit"(彼はもう生きていない)がテーマとなっていることを強調している。これは、それを強調することで逆に、「なぜ"Non vixit"(彼はそもそも存在しなかった)とまで言ってしまったのか」という疑問を強調している。

「もう生きていない」のは、夢に登場する人物(フリース以外)全員や父ヤコブに当てはまる事実である(ただし、完全に客観的な事実などというものがあり得るかどうかは難しい問題だ。また"Non vivit"の言い方によっては、単に情報を伝えるだけにもなれば、「あんな奴、もう生きちゃいないぜ」という敵意表現、あるいは「彼は私を一人残して逝ってしまった……」と歎き悲しむ表現ともなる)。

先の《イルマの夢》においても、「私がこの夢の中でイルマの代りにした女性もまた若い未亡人なのである」というかたちで、「ソフィーやイルマの夫がもう生きていない」ことがテーマとなっていた。「イルマの友人たちは、この事実が変わることを望んでいた」と記されているから、おそらく彼女の友人たちは、イルマに対し(ひょっとするとソフィーに対しても)、「もう御主人が亡くなってだいぶ経つんだし、いいお相手を見つけて再婚してもいいんじゃないの」などと思ったり言ったりしていたのだろう。

フロイトは夢のなかで、「彼はもう生きていない Non vivit」ではなく「彼はそもそもこの世に存在していなかった Non vixit」と言って、ソフィーの夫を睨み殺す。なぜそこまで言ってしまったのか! 存在したという事実すら抹消しているとは何たることか! これらのことに着目し、彼はさらに分析を深めてゆくことになる。

次節ではそうした《Non vixit の夢》解釈の本領へと分け入っていきたい。

ヨハネのインカーネーション

ここまで、《Non vixit の夢》がテーマとしても登場人物についても《イルマの夢》から継続していること、そして"Non vixit"の一句に愛憎が混淆していることを見てきた。それにしても、「あんな奴はもう生きていない」「自分の昇進の邪魔だからどけ」というような敵意ならまだ納得できるが、どうして、「そもそも存在していなかった」とまで言ってしまったのだろう？ いつからそのような問題が潜んでいたのだろうか？ こうしたことを探求するなかで分析は深まってゆく。

夢の分析の過程で、幼児期の遊び友達との思い出がまざまざと脳裏に浮かんでくる。幼児期のことやそれ以降の出来事を思い出し、体験していくフロイトの取り組みに、実に画期的なものがある。つまり、幼児期がまざまざと思い出されながら、「自分はこのように生きてきたのか！」と痛切な体験がもたらされ、現在に至るまでの人生やさまざまな問題が参究され、それがすさまじい語り口となって綴られている。

「思い出すこと」をめぐる理論的問題は第Ⅲ部で取り上げることにして、ここでは、思い出がまざまざと思い出されていく現場に立ち会うようなかたちで、フロイトの語りにじっくり耳を傾けていこう。そのようにしてはじめて取り組むことのできる問題を、読者の方々とともに参究したい。

ヨハネとパウリーネの思い出

フロイトの幼児期の遊び友だちはヨハネとパウリーネだった。ヨハネはフロイトの甥で九ヵ月歳上、パウリーネは姪で六ヵ月歳下（三六 - 三七頁の家系図を参照）。彼らは近所に住んでおりいつも一緒に遊んでいた。この二人は『夢判断』に繰り返し登場するが、特に《Non vixit の夢》の解釈においては重要な役割を演じている。

二人の思い出は「隠蔽記憶について」という論文でも取り上げられている（《Non vixit の夢》の約半年後の一八九九年五月に完成）。この論文はフロイトが治療した男性とフロイトとの対話という形式で、あたかも他人の分析であるかのように書いているが、実は自分のことを述べているもので、『夢判断』と表裏一体をなす自己分析の場となっている。[5]

「隠蔽記憶」論文に記されている思い出の中心部分は、フロイトとヨハネとパウリーネの三人が野原で遊んでいて、パウリーネがタンポポの花束を持っているところを、「私たち二人の男の子は、申し合わせたように、彼女に襲いかかり、花を奪い取ります」というくだりである。また、そこからの連想でフロイトは、自分の初恋や父ヤコブに関することも述べている。[6]

それでは、《Non vixit の夢》に取り組んでゆく過程でヨハネとパウリーネがいかに思い出されていったのか、フロイトの語りに耳を傾けていきたい。

フロイトはヨハネとのことを次のように述べている。

満三歳になる頃まで、私とこの甥とはいつも一緒にいて、互いに仲良しで、またつかみ合いの喧嘩もした。そしてこの幼少期の関係が、既に一度述べたように、その後の私の同年代の人たちとの交際におけるあらゆる感情を決定した。甥のヨハネは、それ以来、実に多くのインカーネーションを見出してきた。私の無意識の思い出の中に消しがたく定着した彼の本性の、ある時はこの一面、またある時は別の一面を再現してきた。彼け時に私をひどくいじめ、私はこの暴君に対して勇気を出して立ち向かったにちがいない。というのは、父（彼にとっては祖父）が、「なぜお前はヨハネをぶったりするんだ？」と私に言ってきた際、私は次の短い弁明演説 Rechtfertigungsrede をして、自分を守ったということを、後年になって繰り返し聞かされたからである。それは私がまだ二才になる前の言葉である。「あの子が僕をぶったから、僕はあの子をぶったんだ。」　この幼少期の情景こそが、non vivit（もう生きていない）を、non vixit（そもそも存在しなかった）に転じたにちがいない。

「短い弁明演説」とは、この夢からの連想でフロイトが思い起こしている「読者に深い感銘を与える言葉、シェイクスピアの『ユリウス・カエサル』のなかのブルータスの弁明演説『私は彼を敬うのだが、彼は権勢を得んとしたがゆえに、私は彼を打ち殺したのだ』……」にちなんだ表現である。「あの子が僕をぶったから、僕はあの子をぶったんだ」という言葉は、誰しも使った記憶があるくらい身近なものであるところが、かえって印象的だ（フロイトは、自分が十四歳の時、ヨハネがイギリスからウィーンへ旅行でやってきて、その際、子どもたちの観客を前にして、フロイトがブルータスを演じ、ヨハネがユリウス・カエサルを演じたことも思い出している。この件は第九章で再び取り上げよう）。

ヨハネとのことがいかに表現されているか、さらに耳を傾けていきたい。

同年輩の者に対する私の暖かい友情も敵意も、私より一歳年上の甥との子ども時代の関係にさかのぼる。そこでは、甥が優越者で、私は早くから自分を防衛するすべを学ばねばならなかった。私たちはいつも一緒にいて、互いに愛し合い、そして年長者からの話で聞いたように、互いにつかみ合いの喧嘩をし、そして——訴えあった。ある意味で、私のすべての友人は、「そのかみ早くわが朧ろなる眼に浮びたりし」(『ファウスト』の冒頭)この最初の人物のインカーネーション、幽霊である。その甥自身が、青年期に再びやってきて、互いにカエサルとブルータスを演じあった。親密な友人と憎むべき敵は、私の感情生活にとって常に必要としてきた欲求であった。私は、いつも新たにその両方を手に入れてきた。そして、子ども時代の理想のように、友人と敵とが同一人物のうちに重なり合っていることも、稀ではなかったのである。もちろん子供時代の場合がそうであったように、同時期に、あるいは、友と敵とが繰り返し幾度も変遷する、というふうではなかったけれども。

「ある意味で私のすべての友人はヨハネのインカーネーションである」という(原語はInkarnationen、英訳ではreincarnations)。「(ヨハネの)インカーネーション」との表現は計三度用いられているが、フロイトが輪廻や生まれ変りを信じていたということではない。愛憎が混淆した関係のなかでの自分、という在り方そのものに対する根本的な反省、つまり自分の人生を貫いているものに即した痛切な認識が、「インカーネーション」という一句に集約されているのだろう。その語は、理解されたうえで用いられているというよりも、フロイトに対して(そして私たちに対しても)問いとして突きつけられているものであろう。

ところで、パネトの葬式の日、弔辞を聞いたある青年が少し皮肉な感想をもらしたという。それに対してフロイトは、「この青年の心には、誇張された弔辞でかき乱されてしまった正直な人間の反抗心が動いたのである」と述べ、さらに次の解釈をしている。

実際にかけがえのない人間はいない。私はこれまでに何と多くの人間を墓場へ見送ってきたことだろう。が、私はまだ生きている。私は彼らがみんな死んでも生き残っている。……私がかりに友人のところに見舞いに駆けつけたにしても、生きてはもう彼に会えないのではないか、とふとそういう懸念を抱いた瞬間に起きたこのような考えが、さらに発展して次のようになってゆくのは当然である。私は今度もまた、今死んだ人より生き延びられて嬉しい。死んだのは私ではなく、彼なんだ。……幼児的なものからきているこの充足感は、夢の中に取り入れられた情動の大部分を占めている。

次に引用するパラグラフは『夢判断』の圧巻で、さらにいうなら、フロイトが生涯にわたって綴った文章のなかでも最もすさまじいもののひとつだろう。何度読んでも味わい尽くせない一節なので丁寧に耳を傾けたい。

自分の夢を解釈し、それを報告することは、困難な自己克服を必要とする、ということを表明しないわけにはいかない。共に生活しているすべての高潔な人たちの中で、自分を唯一の悪人として、さらけ出さねばならない。つまり、幽霊たちは、自分が望む間だけ存在し、願望によって消し去ることができる、ということを私は完全に納得できる ganz begreiflich。だからこそ、私の友人ヨセフは罰せられたのである。だが、幽霊たちは、私の子ども時代の友人の、続々と現われてきたインカーネーションである。私は、この人物を繰り返し代用してきたことに満足しているし、今失いかけようとしている友人も、その代用がきっと見つかるだろう。かけがえのない人間はいない Es ist niemand unersetzlich。

パネトやフライシュルなどの幽霊たちは、自分にとって有用なときにだけ存在するのであって、要らなくなったら消し去ることができる、ということをフロイトは「完全に納得」できるという。だからフロイトは、パネトを罰したのだと。

この引用でフロイトは「ヨハネを繰り返し代用してきたことに満足している」と述べている。親しい友人としてだけでなく敵として重なってもいる人物を自分は必要としており、そのような人物をパネトやフライシュルなどで実際に代用してきた、そしてそれに満足する気持ちが自分を貫いていることを、彼は痛感せざるを得なかったのだろう。

パウリーネの（リ）インカーネーション

前節の最後に掲げた箇所では、単に過去の自分に関しての認識でなく、「今失いかけようとしている友人も、その代用がきっと見つかるだろう」と、完全に現時点でのことが語られていた。この「今失いかけようとしている友人」とはフリースのことである。そこで本節では、フリースとの関係、フロイトが築き上げている家族との関係など、現時点も含めた事柄が、いかに《Non vixit の夢》で問題となっているかを見ていきたい。

フリースとの関係

《イルマの夢》の時点では、フリースのことは、意識的には高く評価するだけで、彼との関係に潜む問題は盲点となっていたが、その後だんだんと、そこに潜んでいる葛藤が表面化してくる。フロイトは、一八九八年の春頃に『夢判断』の最初のかたちでの執筆を進めていくのだが、フリースとの葛藤がじわじわと尖鋭化していくなかで、筆が鈍ってくる。そのようななかで見たのが《Non vixit の夢》である。

《Non vixit の夢》においては、フリースという現時点での最も重要な人間関係まで問題化されているところが重要である。「私はもう、そう簡単に新たな友情を結ぶことのできない年令なのだから、この友情はしっかりと保つようにしよう」とフリースとの交友を大事にする気持ちが述べられると同時に、呪い殺すような凄まじい敵意も存続しており、このように、現時点での関係性に即した痛切な思いが貫いているのが特徴である。そうしたなかで難渋に難渋を重ねながら執筆されたところに、《Non vixit の夢》解釈の語り口の迫力の秘密があるのだろう。

夢の秘密が現われた日の手紙

フロイトがヨハネを語る際はパウリーネも対となっていると見なすことができる。「今失いかけようとしている友人」フリースが現時点での「ヨハネのインカーネーション」と見なされているわけだが、フロイトはフリースの背後にパウリーネという女性が存在することを強く望んでおり、そして、それを本当に実現させてしまう。

《イルマの夢》を見た日（一八九五年七月二十四日）のフリースへの手紙に、「芽生えつつある小さい子はお元気ですか？」という一節がある。当時、フロイトの妻マルタだけでなく、フリースの妻イーダも妊娠中であった。二人ともその年の十二月に出産する。フロイトはフリース家に生まれる赤ちゃんが「パウリーネ」であることを期待し、まだ生まれる前であるにも関わらず「小さいパウリーネちゃんによろしく」と書き送ったりもしている（十月八日の手紙）。

十二月三日、フロイトの妻が少し先に出産し、男児だったらフリースの名をとってヴィルヘルムと名づけられる予定であったが、女児だったのでアンナと命名された。その日フロイトはフリースへ次のように書き送っている、「君からも同様の知らせが間もなくして届くことを待ち望んでいます。アンナとパウリーネちゃんは、きっと仲良く遊ぶことでしょう」。

フロイトはきっと、アンナとパウリーネを二人とも自分の膝の上にのせて可愛がることでも夢みていたのだろう。だがその夢は実現しなかった。フリースの妻が生んだのは男の子だったからである（その男児はロバートと名づけられた。ちなみに、アンナもロバートものちに精神分析家となっている、いっしょに仲良く遊んだかどうかは定かではないが）。

待望のパウリーネ

その三年後、フリースの妻が二番目の子を孕んだという知らせを受けたフロイトは、「次の子の性別はもう決定しているような印象を受けます。今度は、パウリーネちゃんは真実のものとなるでしょう」と書き送っている（一八九八年五月一日）。そして実際、フリースの妻が出産した子は女の子で、フロイトの期待どおり「パウリーネ」と名づけられた（一八九八年九月八日、誕生）。フロイトは、よほど嬉しかったのであろう。《Non vixit の夢》の解釈で実名を出し、しかも「満足」という語をわざわざ強調して、「私は『パウリーネ』という名前を満足をもって聞いた」と記している。[7]

フリースの亡くなった妹

フリースの娘パウリーネが生まれた翌月（十月十六日）にフロイトは彼に書き送っている。

君の手紙から、パウリーネちゃんが生まれたことでの喜びがとてもよく伝わってきます。パウリーネちゃんは、君の妹さんのリインカーネーションとして現われてくることでしょう、その名前は君の家族の別の人と結びついていますが。

《Non vixit の夢》のなかで、フリースが妹の話をする場面があるが、彼には亡くなった妹がおり、そのことをとても悲しんでいたという（一八七九年に二十歳で亡くなっている）。彼女の名前はパウリーネではなくクララなので、今回生まれた赤ちゃんを亡くなった妹のリインカーネーションというのは少し強引だが、フロイトの思い入れ（あるいは転移）の激しさを示しているといえよう（この手紙では、「リインカーネーション Reinkarnation」という語が使われている。また、

「現われる」と訳した語は、「夢の秘密が現われた」「唯一の悪人としてさらけ出される」と同じ動詞 enthüllen である。「君の家族の別の人」と言われているのは、フリースの妻の母親の名前がパウリーネであることである)。

この手紙の少しあとに《Non vixit の夢》を見たのだが、解釈で次のように述べている。

私の友人は少し前に、長らく待ちに待った女の子ができた。かつて亡くした妹のことを彼がどんなに悲しんでいたかは、私もよく知っている。それで私はすぐに手紙を出して、「あなたは妹への愛をこの娘に転移する übertragen でしょう、この小さな娘は、かけがえのない喪失 unersetzlichen Verlust をついには忘れさせるでしょう」と書き送った。

そして続く段落で、これまで述べてきたすべてのことを踏まえて次の解釈をしている。

かけがえのない人間はいない。 Es ist niemand unersetzlich.
見ろよ、幽霊ばかりじゃないか。 Sieh', nur Revenants ;
失ったものはすべてまた戻ってくる。 Alles was man verloren hat, kommt wieder.

「見ろよ」からわかるように、フロイト自身も驚きながらのすさまじい解釈である。フリースの娘パウリーネが生まれたことや、自分の子どもの名づけ方を思い起こしながら、「失ったものはすべてまた戻ってくる」としているわけだが、子どもをそのように名づければ本当に「戻ってくる」わけではないことは承知しているはずである。ひょっとすると彼自身、いったい何を失って何が戻ってきたか、はっきりわからないなかでの語りではないだろうか。フリースや自分の子どもをはじめ関係者に対してはとても失礼で酷い言葉だが、フロイトとしては、このような思いが自分を貫いてきたし、いまも貫いている。そう自覚して、書き刻まざるを得なかったのであろう。

同じパラグラフで、自分の子どもの名前のつけ方に関してこう書いている、「私は、子どもの名前というのは、時の流行などによって選ばれるべきものではなく、貴重な人物を記念してつけられるべきだという意見であった」。

《Non vixit の夢》解釈は次の文章で終わっている。

私の子どもの名前は、彼らを「幽霊」にする。そして結局のところ、私たちすべてにとって、子どもをもつということが、不死への唯一の通路 der einzige Zugang zur Unsterblichkeit ではないだろうか?

『夢判断』の出版

さて本章の最後に、『夢判断』の完成・出版と、ソフィーとフリースの反応を見ておきたい。

『夢判断』は一八九九年九月に完成した。その校正刷をフリースに送ったときの手紙には次のように書かれている〔九月二十一日〕。

《Non vixit の夢》で、私はあなたより生き延びて überleben 喜んでいます。このようなことをほのめかし、……率直に言わざるを得ないということは、とんでもないことではないでしょうか？

たしかにとんでもないことだ。この手紙の最後に次のように記されている。

パウリーネちゃんに今なお会えていません！　Paulinchen kenne ich noch immer nicht !

このパウリーネは、直接には、ちょうど一歳になったばかりのフリースの娘のことである。《イルマの夢》を見た日の手紙では、「芽生えつつある小さい子はどうなっているかい？」と、生まれつつあるはずのパウリーネを気にかけていたが、それから数年待ってようやく待望のパウリーネがフリース家に誕生し、さらに一年が経ち、そこでの「パウリーネちゃんに今なお会えていません！」である。この「！」にいったいどれほどの思いが込められていることだろう。

ソフィーからの絶交

一八九九年十一月四日、『夢判断』が出版された。

そのことによってフロイトが失ったものがある。

次は『夢判断』が出版されて三日後のフリース宛の手紙〔十一月七日〕。

私が受け取った最初のリアクションは、《Non vixit の夢》で自分の夫のことを言及されたことにより、傷つけられたと感じた、大事な女性の友人からの、私との交際を絶つという知らせでした。

パネトの未亡人であるソフィーが、出版後三日も経たないうちに、フロイトとの絶交を申し出たのである。《イルマの夢》にも《Non vixit の夢》にも詳しく書かれているので、ソフィーは自分や夫のことが言われていることに気づいただろう。彼女にしてみれば、《イルマの夢》では「イルマの代用にしたい」と繰り返し言われ、《Non vixit の夢》では亡夫をフロイトに睨み殺され、加えて「お前の夫はそもそもこの世に存在していなかったんだ」と言われ、さらには娘に自分の名をつけられたうえで、「かけがえのない人間はいない」などといった解釈が付されている。……ソフィーはどのような思いで『夢判断』を読んだであろうか？

フロイトは、「幽霊たちは自分が望む間だけ存在し、いらなくなったら消し去れる」ことが「完全に納得できる」と書いたあとで、「だから私は友人ヨセフを罰した。だが彼ら幽霊たちは子ども時代の友人（ヨハネ）のインカーネーションである」と記していた。これに即していえば、ヨセフ・パネトの妻ソフィーは「パウリーネのインカーネーション」ということになる。フロイトは、ヨハネを殺してパウリーネを手に入れたいという願望を自覚したわけだが、それを綴った『夢判断』が出版され、現実にソフィーを失ったのである。「パウリーネちゃんに今なお会えていません！」の思いはことさら痛感されたにちがいない。

フリースとの決裂

本書の冒頭に掲げた「夢の秘密が現われた」とあるフリース宛の手紙が書かれたのは、『夢判断』が出版されてから約半年後である。この第II部を通して見てきたように、フロイトの自己分析はけっして自分一人の考えや感情だけでなされているわけではなく、重要な他者との深い関係のなかで営まれている。なかんずくフリースとの関係が決定的に重要である。ある意味ではフリースとの関係、その変遷の過程が、フロイトの自己分析そのものであり、『夢判断』はその歴史（物語）を記したものとさえいえよう。

そのフリースにしてみれば、自分が妹を亡くして本当に悲しんでいることと、赤ちゃんのパウリーネを可愛がっているところを、フロイトは勝手に結びつけ、「赤ちゃんパウリーネは、亡くなった妹のリインカーネーションであることがわかるでしょう」などと手紙で書き送ってきた。さらにはそれを踏まえた『夢判断』では、赤ちゃんのパウリーネに満足したと強調されたうえで、「かけがえのない人間はいない」などと解釈されている。

フロイトとフリースは一九〇一年夏を最後に、二度と会うことはなかった。[8]

《イルマの夢》で「イルマをソフィーで、ブロイアーをフリースで代用したい」という願望を見出していたように、ソフィーもフリースも、フロイトが高く評価する大切な友人である。彼はおそらく、ソフィーやフリースを傷つけてしまうとわかっていながら『夢判断』を執筆・出版したのだろう。そして実際に彼らを傷つけ、絶交されたり決裂してしまったりした。「なにが悲しくて、あるいは、なにが嬉しくて、このような体験を繰り返してしまうのか」と感じられるが、おそらくフロイト自身がいちばん、その思いを痛感していることだろう（他人事のように詮索するよりも、「関心を共にしてほしい」というフロイトの要求に応える努力をしながら、私たちもここに潜んでいる問題に取り組んでいきたい）。

自己分析や『夢判断』の完成によって問題が解決したのではない。「いったい自分はなにを望んでいるのか?」「つらい体験なのに繰り返してしまっているのはどういうことか?」というような問いは、より深刻なものとなって、フロイト自身に突きつけられていった。実際、それ以降の理論構築においても、この二つの問いとの格闘が重大事となっている。

それでは次章で、『夢判断』出版後も継続した問題がいかに展開していったか、その一端を見てゆくことにしたい。[9]

第六章　彼女が本当に「いない」となった日――いない／いた遊び

序章で取り上げたのは、夫の死後三年目の命日（一八九三年一月）に、ソフィーが目を泣きはらしているところにフロイトが出くわした場面であったが、ちょうどその頃、フロイトの妻マルタが懐妊していた子が、彼女の名をとってソフィーと名づけられた。

ここでは、前章のあと（『夢判断』出版後）も継続した問題が、フロイトの娘ソフィーと彼女をめぐる男性を中心にどのように展開してゆくかを見ていこう。

娘ソフィーの第一子（フロイトの初孫）エルンストは、一歳半の頃に、母ソフィーの糸巻きを使って、「いない／いた遊び」とよばれる特徴的な一人遊びをした。フロイトがそれを観察し、『快感原則の彼岸』という論文で考察を加えている。そこで、まず娘ソフィーの婚約・結婚、出産を辿りながら本章に登場する人物を紹介したのち、その「いない／いた遊び」と、それをフロイトが観察していることに潜む問題を扱いたい。

フロイトは第一次世界大戦中に、息子の戦死がテーマとなっている夢を見ており、その夢の連想には娘ソフィーの夫と子どもが登場している。テーマや登場人物などでそうとうな重要性を感じたためであろう、『夢判断』の第五版〔一九一九年〕では、かなりの枚数を費やしてその夢と解釈を付け加えている。そのことを次に取り上げよう。

その『夢判断』第五版が出版された翌年（「いない／いた遊び」が記されている『快感原則の彼岸』を執筆中の時期）に、娘ソフィーが亡くなっている。そこまでを、本章では見てゆくことにしたい。

娘ソフィーの婚約・結婚、そして出産

これまでの経緯をさらっておくと、まず第一章では、フロイトやソフィーがそれぞれ婚約中の頃〔一八八四年四月〕にソフィーとパネトからフロイトが大金をもらい「僕たちのファミリーロマンスが第二巻『富』に入った」と大喜びする様子を見た。そして続く各章で、当時のフロイトの意識的な構想をはるかに越えるかたちで「ファミリーロマンス」が展開していったことを辿ってきたわけである。その「ファミリーロマンス」の第何巻に入るかは定かでないが、子どもの婚約や結婚は新たな段階への突入といえるであろう。

陽気で、輝いていて、決然としたソフィー

一九一二年七月七日のフロイト〔五十六歳時〕の手紙[1]。

二、三週間ハンブルクに休暇でいっていた娘のソフィーが二日前に帰宅しましたが、陽気で、輝いていて、そして決然としており、驚くべきニュースを私たちに告げました。そちらであなたと婚約をかわした由。そう告げられて、〔ある意味では〕私たちは余計者なのだ、と宣告されたも同然で、形式的な祝辞を述べる以外に手はないと観念いたしました。

これはマックス・ハルバーシュタットという、ハンブルクに住む写真家に宛てた手紙である[2]。なんと娘ソフィー〔十九歳〕は、父親のフロイトに前もって話もせず、いきなり「婚約してきました」と告げたのである。この手紙でフロイトは「私たちは余計者なのだ、と宣告されたも同然で……」と書いているが、彼がショックを受け気分を害している様子がうかがえる[3]。

一方、娘ソフィーの夫となるハルバーシュタットは、フロイトに対し「ソフィーを幸せにするという共通の関心が私たちを近づけると期待している」と述べたらしい〔ハルバーシュタット宛、七月二十四日〕。

娘ソフィーとフロイト（1912年頃）
「……結婚式で一番美しかったのは、髪にカールをかけ、忘れな草の花冠をしたソフィーでした……」
（1890年〔ソフィー3歳時〕フリース宛）

あなとの言うとおり、小さいソフィーを幸せにするという共通の関心が私たちを近づけるだろうと期待しています。

たしかに父親 - 娘婿となるわけで、近い関係になるのは当然である。ただし、「ソフィーが幸せになってほしい」という関心は共通するものの、ソフィーとの関係はおたがい異なっており、それぞれ自分の関心や密かな願望もあるのであるから、「同じ関心」というわけにはいくまい。本章の題とした「彼女が本当に『いない』となった日」、ここに潜んでいる問題が、とりわけ痛切に顕在化することになる。

娘ソフィーとハルバーシュタットは、婚約して約半年後の一九一三年一月二十六日に結婚する。彼らはハンブルクに住まい、翌一九一四年三月十一日、フロイトの初孫となる男の子が生まれ、「エルンスト」と名づけられた。[4]

孫エルンスト

フロイトは第一次世界大戦中の一九一五年九月、ハンブルクの娘ソフィー夫婦のもとに数週間滞在し、そこで一歳半の孫エルンストの遊びに出会った。それを観察しながら彼はソフィーと話し合ったりしている。フロイトはこの遊びに強い印象を受け、『夢判断』第五版〔一九一九年）の数箇所で言及しているほか、一九二〇年に出された論文『快感原則の彼岸』第二章[5]でも取り上げている（これはフロイトが初めて「死の欲動」に触れた論文であり、一九二三年の「自我とエス」につながるメタサイコロジーとしても重要なものである）。

いない／いた遊び

生後一年半のエルンストが、手近にある玩具などを遠くへ放り投げはじめた。またその際、「興味と満足の表情をして」オーオーオーという声をあげた。フロイトとソフィーの一致した意見によると、それは「いない fort」という意味だった。「これは一種の遊びであって、その子は自分のおもちゃを全部、ただ『いなくさせてしまう』という遊びにだけ利用していることに気づいた。」

さらにフロイトは次のような観察を記している。

　その子は、ひもを巻きつけた木製の糸巻きをもっていた。……ひもの端をもちながら覆いをかけた自分の小さな寝台のへりごしに、その糸巻きをたくみに投げこんだ。こうして糸巻きが姿を消すと、その子は例の意味ありげな、オーオーオーオを言い、それからひもを引っ張って糸巻きを再び寝台から出し、それが出てくると、今度は嬉しげな「いた Da」という言葉でむかえた。これは消滅と再現とを現わす完全な遊びだったわけである。

フロイトを挟んで
孫ハインツ（左）
と孫エルンスト（右）

エルンストはこの「消滅と再現」の遊びを、倦むことなく何度も繰り返したという。

母親が立ち去ること

フロイトはこの遊びを、主に母親との関係性の側面から考察している。

その子の遊びは母親が立ち去ることを、その子が逆らわずにゆるすという欲動放棄（欲動満足の放棄）と関係があった。……子どもは自分の手の届くもので、同じ別れと再会を演出してみて、それでいわば欲動放棄をつぐなったのである。

いない／いた遊びを、「母親が自分のそばを離れることが多くなってくるのを受けとめる」ことと関連づけるのは妥当な見解だろう。母の胎内での一体感は、誕生とともに失われる。また生後すぐには母が一緒にいてくれる時間は長いけれども、ずっとそういうわけにはいかず、子どもとしては、母から離れて一人でやっていかなければならない度合が大きくなる。その過程で、母親側の愛情やはたらきかけが重要であるのはいうまでもないが、かたや子どもの側にもこころの仕事が要求されるのである。

お母さんなんか要らない

その仕事をしてゆくなかで子どもはさまざまな感情体験をするが、フロイトは「いない／いた遊び」でエルンストが糸巻きを投げつけることに、母親への怒りも見ている。

物を投げすてることは、自分を置き去りにした母親に対する、日ごろは抑圧された復讐衝動の満足であるともいえる。……「行っちまいな、お母さんなんか要らないよ、僕はお母さんをあっちへやっちゃうんだ。」

母親がいつも一緒にいてくれないことに対する不満・怒りもあった、というのは妥当であろう（いない／いた遊びの一年後にエルンストは、玩具を床に投げつけては「戦争へ行っちゃえ！」と母への思いをぶつけていた）。一歳半の幼児にとって母親が必要なのはいうまでもないが、いつまでも全面的に必要としているわけにもいかず、子どもはその時期なりに自立へと向かわなければならない。それは順調かつ連続的に進むのでなく、その過程でいろいろな葛藤が起こってくる。お母さんにはいつも一緒にいてほしいし、自分は絶対に必要としているのだけれど、「お母さんなんか要らないよ」という思いも体験せざるを得ないのが辛いところである（《Non vixit の夢》の解釈にも、フロイトのヨハネに対する言葉として〔「お前なんかと遊ばないよ」という文脈で〕「私はあなたを必要としない」〔これは「お母さんなんか要らないよ」の箇所の直訳〕という全く同じフレーズが出てくる。これは幼少期からずっと継続し、ことあるごとに取り組みつづけていかねばならない葛藤なのだろうか）。

エルンストの業績

いない／いた遊びは、母親が自分のもとを離れることが多くなることをどう受けとめるかのリアクションであり、（フロイトがソフィーに関連して用いた表現〔序章〕をそのまま用いて）母親が「いない」ことをめぐっての「思い出す仕事」あるいは「思い出す儀式」ともよび得るだろう。

フロイトはそのエルンストの仕事を、「早期に達成した自己克服」、さらには「偉大な文化的業績 die große kulturelle Leistung」として高く評価している。

いない遊び

子どもはみな「いない　いない　ばぁ」に大喜びする。これは、母親が目の前から消え去ったように見えても実はちゃんと存在していることの喜びだろう。いない／いた遊びは一人遊びではあるが、いったん「いない」となってもちゃんと「いる」ことを体験するという点で、「いない　いない　ばぁ」の延長線上でとらえることもできよう。

ところがである。エルンストは、糸巻きを手繰り寄せることなくただ放り投げるだけの場合がはるかに多かったという。「そのうち、たいていは前者の行為しか見ることができなかった。第二の行為にいっそう大きな快感がともなったのは、疑いないのだが、第一の行為がそれだけでも倦むことなく繰り返されたのである。」……これはいったいどういうことだろう？　フロイトが「いない／いた遊び」を観察しながら最も疑問に思ったのはそのことである。

フロイトは夢の意味に関して「願望充足」を根本と考えるが、その「願望」とは自分にとって「快いもの、満足を与えるもの」であるのが普通だろう。「いた」という体験が快いのは当然だが、「いない」だけだと不快なのではないか？　それでも倦むことなく繰り返されたのはどういうことだろう？　「失ったものは戻ってくる」とは限らないことを体験しているのだろうか？　やがて本当に「いない」となる日がやってくることへの準備なのだろうか？

「大切な何かを失っていくことをいかに受けとめていくのか？」「辛いことであるのに繰り返してしまうのはなぜだろう？」という問いに対して、エルンストは遊ぶことにおいて、（思想的にではないが）実践的に取り組んでいたと見なすこともできる。それらの問いが、フロイトにとっても、『夢判断』において取り組まれていることを前章で見たが、エルンストの遊びを観察・考察していることに、フロイト自身のその問いとの新たな格闘も重なり合っているであろう（『夢判断』を出版したことでソフィーが去ったことを受けとめることも含めて）。

さて、ここまでは孫エルンストの「いない／いた遊び」を取り上げたが、そのエルンストおよび父親（娘ソフィーの夫）が登場する夢を、フロイトは第一次世界大戦中に見ている。

幼児期からの願望は大人になってからも継続しており、同じような人間関係をパターンとして繰り返させるような何かが自分の底にあるのではないか、という痛切な問いが『夢判断』で取り組まれていることを前章で見た。それは「……の願望が自分にある」「……を反復しがちな傾向が自分にある」と気づけば止められるというものではない。願望も、反復傾向も、自分では飼い馴らせない激しい力で押し寄せてくるのであり、それといかに継続して取り組んでいくかが重要であろう。

そこでフロイトの夢だが、これは「前線で戦っている息子からは、このところ一週間以上も便りがない」という状況のもとで見られた。

《息子の戦死の夢》

……私は妻に、「お前に知らせることがある、特別なことだ」と言う。……息子の属している将校団からかなりの額のお金が送られてきたという話をし始める。……何かで顕彰され……分配……。……突然息子が姿を見せる。軍服を着ていないで、ぴっちりしたスポーツ着をまとい（まるであざらしみたいだ）、小さな帽子をかぶっている。息子は籠の上に登る。その籠は箱の脇にあるので、何かをこの箱の上におこうとするためのようだ。呼びかけたが、返事がない。どうも顔か額に包帯をしているらしい。口の中で何かを直して、何か中へ押し込む。またその髪の毛は灰色に光っている。ひどくくたびれているのかな？　入れ歯をしているのかな、と思う。もう一遍呼んでみようとするが、その前に目が覚めて、別に不安感もないのに心臓がいやにどきどきしていた。

この夢の前半は比較的わかりやすい。フロイト自身も「息子が負傷か戦死したのではあるまいかという、拭いきれぬ疑いが夢内容中に表現されていることは、見て取るにかたくない」と述べている。夢の後半の箇所の連想で、いない／いた遊びの主人公エルンストと、その父ハルバーシュタットが登場する。

……彼のスポーツ服を着た様子があざらしに似ているということは、すぐ私たちのひょうきんな小さい孫のことを連想させる。灰色の髪は、この孫の父、つまり私たちの娘婿、戦争で酷い目にあった人間を連想させる。これはどういう意味か。しかしこれ以上は立ち入らないことにする。

この少しあとに、「さらに分析を深めてゆくと、息子の不幸な災難において満足させられるような、隠れた気持ちの動きが発見される」と述べられている。また「息子に向けられた敵意の衝動」「若さに対する嫉み心」という表現もあり、娘ソフィーの夫への敵意が含まれていることがほのめかされている。

「いない／いた遊び」も第一次世界大戦中になされたものであるが、それを観察するフロイトの背後には、この夢や解釈に示されているような願望が背後にはたらいていたといえるであろう。《Non vixit の夢》で未亡人ソフィーの夫の存在を抹殺したフロイトだが、次の世代となる娘ソフィーの夫への敵意まで『夢判断』に記しているのである。このことからも、「願望」の問題がどれほど深いテーマとして継続してゆくものかがうかがえる。

ところで、先の夢ではフロイト自身が幼児期にした大けがも主題となっている。

……は、私が二歳そこそこでまだ三歳にはなっていなかった時分に、わが身に招いた災難をまぎれもなく暗示している。私は食料品貯蔵室で踏み台の上に登って、箱かテーブルの上におかれてあったおいしいものを取ろうとした。ところが、踏み台が引っくり返って、その角で下顎の辺りをしたたかぶった。悪くすると、歯が全部抜けかねないほどだった。そこには、次のような警告の声が響き出ている。即ち、勇敢な軍人である息子に向けられた敵意の衝動の如く、「それはお前に対する正しい報いだぞ」という声である。

このように、「自分自身を罰する」願望も密かにあるということが、《息子の戦死の夢》ではそうとうに顕在化したものとなっている（この問題は第九章でもう一度取り上げることにしよう）。

本当に「いない」となってしまった今……

「いない／いた遊び」の考察がある『快感原則の彼岸』は一九二〇年五月に完成された。その箇所の註としてフロイトは次のように記している。

この子どもが、五歳九ヵ月の時に母親が死んだ。彼女が本当に「いない」（オーオーオー）となってしまった今、その子は少しも悲しみを表わさなかった。

一九二〇年一月二十五日、エルンストの母でありフロイトの娘であるソフィーが流感性の肺炎で亡くなる。享年二十六歳。

このことをフロイトはどのように受けとめてゆくのだろう。苦痛きわまりない事態のなか、より痛切に問題が突きつけられ、過去の時点での課題も新たな様相を呈していく。第II部を通して見てきた事態は、いったいどのような問題であったのか、フロイトはそこからいかなる理論や実践を展開していったのか、それは続く第III部で見てゆくことにしたい。

第III部　こころの秘密をめぐって

人間フロイドの物語はわれわれにとって永遠の問題を提出している。……そしておそらく彼の真の偉大さは、単に精神分析を生み出したことだけにあるのではなく、それを生み出す苦悩のなかで、永遠に変わらぬ人間心理の根本問題を問いかけていることにある、といってよいと思うのである。

土居健郎の「人間フロイド」という論文（二〇〇〇年（初出一九六五年）‐七九頁）のこの一節には私もまったく同感である。ここまでフロイトの物語をともに味わってきたが、大きな苦悩のなかにあってフロイトという人間は、精神分析なる独自の心理学を生み出し、その実践と発展に生涯をかけた。その心理学は、症状や夢などを説明してくれるものというよりは、「永遠に変わらぬ人間心理の根本問題」（秘密）への問いかけそのものではないだろうか。

さて、《イルマの夢》を見たことをフロイトは後に、「夢の秘密が現われた」とフリースへ宛てて表現したが、この「秘密」とはいったい如何なるものだろう？　これは、秘密の内実が明らかにされ秘密でなくなったというのでなく、（謎を秘めたままの）秘密として現われ、それが謎を秘めたまま展開していったということではないだろうか。

第II部で見てきたことからもうかがえるように、フロイトにしてみれば、夢や人間関係や出来事がさまざまに展開してゆくなかでの取り組みを通じて、理解も深ると同時に、問題（秘密・謎）も深まっていったことであろう。理解の深まりと謎の深まりは必ずしも別々のことではなく、このことは、（夢や解釈も含め）第II部で見てきたことすべてに関していい得ると思われる（たとえば、「あなただけのせいだ」という夢の中での言葉でも、「かけがえのない人間はいない」という解釈の言葉でも、それ自体として意味は明瞭であると同時に、フロイトにとっても、そして私たちにとっても、どこまでも問題・謎を投げかけている言葉である）。

第II部で、《イルマの夢》の背景を具体的に記したり、そこに重なり合わさっているテーマを見てきたりもしてきた。それは秘密を探求するのに参考になることだと思うが、単に知識やテーマ指摘によっては触れることのできないところが秘密の秘密たるゆえんである。それは、「フロイトに……の秘密が現われた」といったしかたで対象的に理解されるものでなく、自分（私たち）のこころが関わっていくなかで体験されてゆくものかと思う。

この「（自分自身の）こころが関わる」、より端的にいえば「（自分が）意識する」ということ自体に潜む問題（秘密）に、（対象的に研究するにとどまらず）徹底的に取り組んでいるところがフロイトの特徴である。そこで第Ⅲ部では、「こころ」「意識」の根本問題（秘密）が、どのようにしてフロイトや私たちに問いかけられているのか、その問題にいかに取り組んでゆけるのか、ということを模索していきたい。第Ⅰ部・第Ⅱ部を通して見てきた「人間フロイトの物語」を、説明するというより、いくつかの側面から光をあててみることで、私たちに問いかけられている人間心理の根本問題に、より深く踏み込むことができればと願う。

まず第七章では、これまでのフロイト物語に即して、人間心理の根本物語がどのように現われ、展開しながら、私たちに問いかけられているのかを見ていきたい。なかでも、フロイトにとってとりわけ痛切に問題が突きつけられたのは、娘ソフィーが亡くなったことだと思われるので、そこに焦点をあててみよう。

そして第八章では、こころが関わる「知」や「実践」において最も基本的と思われる問題に取り組みたい。第Ⅱ部で見たような体験を経ながら、フロイトはいかなる心理学を築き上げ、実践していったのか。その「知 - 行」のどこが画期的なのか、またそれを私たちが学ぼうとする際にはどのようにな課題があるかを見てゆく。

フロイトが《イルマの夢》を見た日にフリースへ宛てた手紙は、「ダイモーンよ」という呼びかけで始まっている。《イルマの夢》以降の取り組みは、ある意味で、この呼びかけが叫びとなり、いっそう痛切になっていく過程といえるかもしれない。最後に第九章では、そのような「人間を越えたもの」への叫びとでもいうほかない側面に目を向けてみよう。

第七章　展開的側面

こころの問題（秘密）はどのように現われ、展開しながら、フロイトに（また私たちに）投げかけられているのだろうか。第Ｉ部・第II部で見てきたことに即して考えてみよう。

まず最初に、フロイトにとってとりわけ痛切に突きつけられた出来事、娘ソフィーが亡くなったことに焦点をあてる。さらに、亡くなってから十年目の娘ソフィーの誕生日にフロイトが書いた手紙をもとに、「意味」「代用」そして「かけがえのなさ」について考えてみたい。

ここまで見てきた過程はすべて、フロイトの「悲哀の仕事」ともよび得ると思われるが、次にその主題を扱うことにしよう。

そして最後に「こころの現実」をめぐるフロイトの転換と苦渋を取り上げ、彼の自己分析の迫真性の謎や、私たちがそれを受け取る際の課題をめぐって参究したい。

ソフィーを失って……

第II部で見てきたことはすべて、問題が投げかけられてゆく過程だったともいえるであろうが、とりわけ痛切に突きつけられたのは、娘ソフィーが本当に「いない」となった日だろう。

関心を共にすること

娘ソフィーと婚約したハルバーシュタットはフロイトに「ソフィーを幸せにするという共通の関心が私たちを近づけるだろうと期待しています」と述べ、それに対してフロイトは「あなたの言うとおりです」と応えた〔一九一二年七月二十四日〕。

その七年半後の一九二〇年一月二十五日（ソフィーが亡くなった日）、フロイトは同じ「あなたの言うとおりです」という表現を含む手紙をハルバーシュタットに出している。[1]

……私たちの心痛がどんなに大きいか、あなたにはわかっていますね。あなたがどんなに歎き悲しんでいるにちがいないか、私たちにはわかります。あなたが私たちに何もすることができないのと同じように、私もあなたを慰めようというわけではありません。きっとあなたは、愛する妻であり子どもたちの母親である存在を失うということがどんなことか、私にはその経験がないのでわからないだろうと言うかもしれません。あなたの言うとおりです Du hast Recht。しかし、人生も晩年となり死が近づいている老人にとって、若い花盛りの子どもよりも生き延びるという辛い屈辱は、あなたには縁遠いものでしょうし、理解できないにちがいありません。

いま、ソフィーという一人の女性の死に、父フロイト、夫ハルバーシュタット、子エルンストという三人の男たちが向き合わされている。

おそらく「悲しい」という思いは、父・夫・子の三人で全く共通だろうが、「それを本当には理解できないだろう」と問われたら、そのとおりだと応えざるを得まい。ソフィーの死によって顕在化したこのような次元の問題は、誰しもを、そしてどの時点においても貫いている。

それは、「関心を共にすることなしに夢の意味はわかり得ない」という命題とセットになって、「関心を共にすればわかる」という甘い考えを否定するようなかたちで、常に私たちに突きつけられているのである。

夢の臍——三人の女性

《イルマの夢》の解釈でフロイトが、ソフィーと妻マルタとアンナ・リヒトハイムという三

フロイト（1921年頃）
ハルバーシュタット撮影

人の女性の比較をしていたことは先に見たが、その箇所への脚註で彼は「夢の臍」という表現を用いている。[2]

もし三人の女性の比較を続けようとしたならば、今問題になっている事柄から遠く逸脱してしまうだろう。どんな夢にも、少なくとも一箇所、どうしてもわからない部分がある。それは、それによってその夢が未知なるものにつながっている臍のごときものなのである。

《イルマの夢》が見られた時期、その数ヵ月後に生まれることになる娘アンナは、妻マルタの胎内で、臍でつながっていたわけであるが、「その夢が未知なるものにつながっている臍」が、それから二十五年後の未来とつながっていたことを見てみよう。ここで比較されているソフィーとアンナの名前をとってつけられたフロイトの娘のソフィーとアンナ、そして妻マルタ（彼女だけ同一人物）という三人の女性が関係することで、フロイトは次のように書いている（娘ソフィーが死んで十日後のフェレンツィ宛の手紙[3]）。

心のずっと奥底では、私は深い、忘れることのできない自己愛の傷つきを感じています。妻とアンナは、もっと人間的な意味でひどくショックを受けています。

娘ソフィーが死んで自己愛が傷つけられたと感じているフロイトは、それが「妻とアンナよりも人間的でない」とわかっている。三人の女性が関係してこのように体験されることになろうとは、彼にとって想像をはるか絶することであったろう。

先の手紙での「自己愛の傷つき Kränkung」という表現は、娘ソフィーの死の二日後の手紙にも出てくる〔プフィスター宛〕[4]。

子どもを失うということは、いわば重い自己愛の傷つきのように思えます。悲しみというようなものは、おそらく後になってやってくるのでしょう。

『夢判断』執筆当時はまだ「自己愛（ナルシシズム）の傷つき」という用語は使っていなかったが、のちに重要な言葉として用いるようになる。理論上の言葉でもあるが、それは一般的認識にとどまるものでなく（「親は子どもに自分の自己愛を投げかけやすい」という認識なら『夢判断』の時点ですでに記述されている）、実際の人生の展開に即して、色合いを変えて体験されたり、深まったりしてゆくのだろう。

フロイトがここで傷ついたと述べている「自己愛」には、『夢判断』で表現されていたことも重なっている。《イルマの夢》の連想の「ソフィーが自分に治療を頼みにこないかとしばしば空想していたこと」をはじめとして、ソフィーの亡夫パネトを睨み殺す《Non vixit の夢》においても、その解釈を通じて、自分はこんなに勝手なことを密かに思っていた（る）のか！と自分の自己愛に気づいていく（驚いていく）過程が記されていた。そのときすでに、自己愛が傷つけられていく過程を伴っていたのであろうが、『夢判断』を出版して現実にソフィーから絶交されたときは、さらにはっきりと自己愛が傷つけられたことだろう。

そしてその二十年後に、娘ソフィーが亡くなって、それまでの全てを貫いていたみずからの自己愛が、さらにまざまざと痛感されることになる（新たな出来事が起こって、過去の出来事も新たに照らされたり体験し直されたりするものである）。きっと娘ソフィーの死を受けとめるなかで、ソフィーから絶交された古傷もえぐられたことであろう。

そもそも娘ソフィーを失っていなければ、「子どもを失うということは、いわば重い自己愛の傷つきのように思えます」という悲痛な認識もせずにすんだわけで、こうした悲惨な出来事があってはじめて切り開かれる次元というものがあるのだろう。「自己愛の傷つき」あるいは「自己愛の自覚」といっても、底知れぬ深さをもっているといえようか。[5]

かけがえのなさと愛

《イルマの夢》を記した『夢判断』第二章の最初にフロイトは「夢が意味をもつことを示したい……意味を見つけることは、すなわち夢が何を代用しているかを見つけること」と述べている。フロイトは夢についてだけでなく、症状に関しても「この症状は……を代用している」など、代用という語をしばしば用いる。

おそらく「意味」や「代用」という言葉も、その意味自体がフロイトのなかで変化していったであろうし、そのうえ私たちがそれを受け取ることにも難しい問題が潜んでいるだろう。そこで彼の語りそのものを辿りながら、「意味」「代用」そして「かけがえのなさ」について考えてみたい。

《Non vixit の夢》の解釈でフロイトは、娘ソフィーのことも思い起こしながら、「代用できない人間はいない。……失ったものはすべてまた戻ってくる」と述べていたが、その二十年後には、『夢判断』を出版してすかさずソフィーを絶交というかたちで失い、その二十年後には、その文脈的には彼女の「代用」であった娘ソフィーを病死というかたちで失った。ここでは、さらにその九年後にフロイトがビンスワンガーに宛てた手紙の一節を紹介したい。一九二九年四月にビンスワンガーは息子を亡くし、そのことをフロイトに伝え、それに対してフロイトがお悔やみを述べた返事の手紙である。[6]

……ちょうど今日、死んだ娘が生きていれば三十六歳になったはずです。

……そのような喪失の後の急激な悲しみはやがて過ぎ去るものとわかってはいても、慰められはしないでしょうし、代用となるものが見つかることもないでしょう。代用としてあらわれてくるすべてのものは、たとえそれがまるでその本来の場所を満たすように見えたとしても、全く別のものなのです。本来まさしくそうしたものです。それこそ、人が放棄しようとすることのない愛を持続する唯一のしかたなのです。

この手紙を書いたのは娘ソフィーの、故人となってから十回目の誕生日（一九二九年四月十二日）である。いかに深く重い歴史を背負った言葉であろう。「代用としてあらわれてくるすべてのものは、たとえそれがまるでその本来の場所を満たすように見えたとしても、全く別のものなのです」という表現に込められている思いは想像を絶する。頭では無理だとわかっていながらもフロイトは、「娘ソフィーが戻ってきやしないか……」と繰り返し念じたことだろう。それにまつわるさまざまな痛切な思いをかみしめていく長い過程を経てはじめて、この手紙のような言葉が生まれたのではなかろうか。

代用・かけがえのなさ

先の手紙での、「代用として……別のもの」という言葉は、《Non vixit の夢》の解釈での、「代用できない人間はいない」とは逆のことをいっている。これは単に「解釈が変更された」という次元のことではないだろう。

第II部で見てきた夢の解釈でも「代用」という語が多用されていた。《イルマの夢》では「イルマをソフィーで代用したい」と述べられていたし、さらには「代用すること」がイルマに対する「復讐」の意味をもつことも述べられていた。さらに《Non vixit の夢》の解釈では、「代用できない人間はいない」という言葉が三度も繰り返されていた。

これはいったいどういうことだろう？　そう私たちも思うのだが、おそらく言葉を発しているフロイト自身がいちばん、「いったいどういうことだろう」という問いを痛感しているのではないだろうか。これらの解釈は、単なる言い換えや知的理解としてではなく、フロイトが切り開いた方法・姿勢から、重みをもって発せられているところが特徴である。先の手紙の言葉も深みをもっているが、『夢判断』での言葉も、単なる言い換え（代用さがし）でない重みが貫いているところが重要なところであろう。

それらの言葉（解釈）はその後、実際にソフィーから絶交されたり、娘ソフィーを亡くしたりと、痛切な体験をしてゆくなかで、さらに色合いを変えて新たに体験し直され、いっそう重みを増し、痛切さ・深刻さ・かけがえのなさをより深めていったのではないだろうか。

出来事や言葉それ自身

自分にとって大切な人が死ぬという「出来事」の意味は、どこかの時点でわかるという類のものでなく、問題として投げかけられつづけるものであり、その後の人生の経過にともなって意味合いが変化してゆくものであろう。「言葉」にも、辞書を引いて意味がわかるというだけでなく、新たな出来事や体験があってはじめて切り開かれる（あるいはえぐられる）側面があり、それを受け取る当事者に対して意味をもたらす過程は、見極められない深さをもつ。

通常、解釈というと、一見わからないことをよりわかる言葉に云い換えて理解するためのものであろう。たしかに夢でも症状でも、それ自体ほとんどよくわからないものだから、「それをなんとか理解したい」と思って取り組む過程は重要である。だが、「それ自身がなにか」という問いの切実さは、別の言葉をもってきて理解したつもりになることとは別次元のところにある。言葉の云い換えや、単なる代用探しではなく、より真に迫ったこととして体験され、より深く問題に取り組んでいけるような方向性のなかで言葉が発せられているか（受けとられているか）が重要であろう。

悲哀の仕事 —— リアクションの交錯

娘ソフィーの死に対するフロイトの反応をここまで見てきたが、それはフロイト自身の言葉を借りて「悲哀の仕事」とよび得るであろう。そこで本節では「リアクション」「悲哀の仕事」という観点から、フロイトの仕事をとらえていきたい。

こころとからだの接点で

「こころ」と「からだ」(行動)が深く関連していることはいうまでもない。たとえば序章で触れたソフィーの例では、「夫の死」という出来事に対する彼女のリアクションが、身体的反応や日常の生活ぶりなどに現われていた。

そうしたことを記した『ヒステリー研究』において、種々の身体症状をも呈するヒステリー患者をこころの方面からいかに治療するかということが主眼であり、「こころとからだ」のテーマは、当初からフロイトの中心課題であった。

《イルマの夢》の前置きでもその問題意識が掲げられている。[7]

年来、私はある種の精神病理学的形成物、すなわちヒステリー性恐怖症、強迫観念などの治療学的意図における解決に携ってきた。というのは、ヨセフ・ブロイアーの重要な一報告から、病気の症状と感じられるこれらの形成物にとっては、症状の解消 Auflösung と問題の解決 Lösung とは一つのものに帰するということを知って以来のことである。

心理的な問題の解決（解明・洞察）が、治癒（身体も含めた症状の解消）につながり得ることをブロイアーから聞き知ったフロイトは、その問題意識をより深め、治療実践に取り組んでゆくことを出発点としたわけである。

思いもよらないかたちで

こころとからだ（あるいは、こころと人間関係）をめぐる考察はもちろん極めて重要で、フロイトも治療実践・理論のうえで取り組んだわけだが、加えてそこには、そのようなことを考えたりしている自分のあり方そのものが問題化されてしまうという、次元の異なった根本問題も浮上してくる。実際、「思わず知らず自分のあり方が問題化されてしまう」事態のすさまじさが、第II部で見てきたところであり、それは私たちにも大きな問いを投げかけている。

ブロイアーの課題を引き継いで自分なりに探求しているつもりのフロイトだが、実のところは密かに激しい敵意・復讐心をブロイアーに対して抱いていた（それが《イルマの夢》で重大なテーマとなっていた）。また《Non vixit の夢》ではヨセフを抹消していた（直接に夢で呪い殺したのはパネトであるが、ブロイアーも重なっていると述べられている）。この「抹消」には先の引用の「解消」と同じ語が使われている。つまり彼は、ヨセフ・ブロイアーの問題意識を引き継いで「症状の解消」に取り組んでいたところ、のちに（夢の中ではあるが）ブロイアーの存在自体を解消（抹殺）しているのである。

このように、自分のあり方自体や人間関係までが思わぬかたちで問題となってしまっていくという事態への取り組みが、《イルマの夢》以降の重要なところである。

父の死へのリアクション

夫の死に対するソフィーの反応をフロイトは記述していたわけだが、《イルマの夢》以降は、自分自身のあり方やリアクションまで含めて探求がなされていった。

フロイトは、『夢判断』という本自体が父の死に対するリアクションでもあると後に気づいたことを、初版の八年後に出た第二版の序文で述べている。[8]

本書は、私の自己分析の一断片であり、また私の父の死に対するリアクション、すなわち一人の人間の生涯における最も重大な出来事、最も痛切な喪失に対するリアクションであることが、本書を書き終えた後でわかった。

父親の葬式に遅刻したことや、翌朝の「眼を閉じて下さい」という夢も、近いところでのリアクションだし、それだけでなく自己分析の結実としての『夢判断』そのものが父の死へのリアクションだという。『夢判断』にはさまざまな夢や連想、幼少期の記憶、解釈や考察などが含まれているのであり、「父の死に対するリアクション」といっても極めて多重多彩なものであることがわかる。

『夢判断』中の圧巻《Non vixit の夢》とその解釈に関していえば、その夢に直接には父ヤコブは登場していないが、その夢が父ヤコブの三回忌の時期に見られたものであることや、テーマからしても、「父の死に対するリアクション」と見なし得るだろう。加えてそれは父その人にとどまらず、夢で直接に睨み殺しているのはソフィーの亡夫であるから、ソフィーの夫の死に対するリアクションでもあるし、またフライシュルの死に対するリアクションでもあるし、あるいはフリースとの関係をめぐってのリアクションでもある。

Aのリアクションは B というように一対一対応しているわけではない。実に多くのことがたとえば《Non vixit の夢》という一つのものに結晶することもあるし、逆に、父の死という一つの出来事のリアクションが、『夢判断』に記されたたくさんの夢や出来事のように多彩に展開し得る。このように、「ひとつのこと」と「たくさんのこと」が多重多彩に反響し合いながら繰り広げられていくのが、私たちの生きている世界なのだろう。

悲哀の仕事

リアクションをより主体的にいうと「仕事 Arbeit」となろう。ソフィーが夫の死を受けとめている場面では「思い出す仕事」と表現されていたが、後にフロイトは Trauer Arbeit（悲哀の仕事）という言葉を用いる（「悲哀とメランコリー」〔一九一七年〕）。フロイトは解釈の仕事、自己分析の仕事、眠っているときまで夢の仕事 Traum Arbeit などと、「仕事」を多用するが、これらが一体となって「悲哀の仕事」がなされていく（理解や問題が深められていく）のであろう。

《Non vixit の夢》に関して小此木啓吾は次のように述べている。[9]

この二年間にわたる自己分析は、フロイトの父親の死に対する「喪の仕事」のプロセスであり、non vixit の夢は、その成果である。つまりこの二年間の自己分析によって深まった自己洞察が、この夢となってたちあらわれたのである。

これは卓見である。「父の死」をはじめ多くの問題に誠実に取り組んでいく過程があってはじめて、その仕事の「成果」として《Non vixit の夢》がたちあらわれたのであろう（こころの仕事の成果として、親友あるいは父を抹殺したフロイト、ここには人間が生きていくうえでの深い業が存する）。小此木はまた「精神分析そのものをフロイトの『悲哀の仕事』の所産と見なしたい」と述べているが、まったくそのとおりだと思われる。[10]

激しい力も加わって

リアクションとはいっても、「どのようにしようか」と自分で考えて出来ることをはるかに越えた多くのことが関わっている。悲哀の仕事とはいっても、「頑張って仕事するぞ」と張り切って出来るものと大きく異なる。ソフィーには自分の力でコントロールできないような「激しい力」がはたらきかけていたが、その力はフロイトに対しても激しく作用している。悲哀の仕事は、別の面から見ると、そうした「激しい力」との格闘そのものである。
ソフィーのリアクションが「思い出す儀式」とよばれたように、「激しい力」のなすがままになっている様相は「儀式」と表現できる。それは、葬式や三回忌というような外から形式が定められたものではなく、深く内面に関わる儀式である。『夢判断』は、父の死をめぐるフロイトの「思い出す儀式」とよび得るであろう（そこにおける「激しい力」の側面は第九章で検討しよう）。

終りのない道程

『夢判断』出版にあたっての最初のリアクションはソフィーからのものであった。彼女の「絶交」というリアクションは、フロイトがいろいろと書いている解釈よりもはるかに強力である。《イルマの夢》でフロイトは彼女に関して「この女性のほうがもっと利口で、だから私のいうことをよくきくだろう。やがて口を大きく開いた」などと記していたが、このような解釈（あるいは空想）よりも、絶交するという行為のほうがはるかに痛切な意味あるいは力をもっている。

結局フロイトは、痛切な喪失（父の死）へのリアクション（『夢判断』の出版）によって、新たな喪失（ソフィーの絶交）を抱え込み、更なる悲哀の仕事が課されることになったわけである。こうして見ると、リアクションの交錯にしても、悲哀の仕事にしても、どこかの時点で完結するものでなく、終りのない道程なのかもしれない。

こころの現実をめぐって――フロイトの転換と苦渋

フロイトは「心的現実」という表現を用いるようになるが、この節ではそのことをめぐって取り組んでいきたい。ここまでで取り上げてきた例でいうと、ソフィーの夫パネトが死んだというのは純然たる事実(外的現実)であり、それに対するソフィーのリアクションは、夫の死をどう受けとめるかという、こころが関わる現実である。また別の例では、フロイトがパネトを睨み消したというのは夢の中での出来事すなわち「こころの現実」であって、パネトが結核で死んだという「外的現実(事実)」とは区別される。ここに述べたことは誰しも納得のいくことだろう。

しかしながら、「……は事実、……は心的現実」と考えたり言ったりしていること自体にもこころは関わっている。あるいは、「心のはたらきはすべて脳の機能に還元できる」と考える人がいたとしても、そのように考えていること自体に、やはりこころが関与している。この簡明なことにこそ、測り知れぬ秘密が潜んでいるように思われる。

つまりこころとは常に、現時点で関わっている最も身近な何ものかであるが、「心とは何か」「意識とは何か」というように、こころを用いて(意識して)考えようとする時点で、なにやらズレが生じてしまい、現時点でこころがはたらいているということは、常に背後に置き去られてしまうところに問題が潜んでいる。

フロイトにとっても、最大の問題は「こころの現実とは？」という問いと思われるが、いったいどのように問題化されているのだろうか？　本章の最後に、彼の転換と苦渋に目を向けたい。

事実を思い出すことの盲点

ブロイアーがアンナ－Oに用いていたように、フロイトも当初は患者の治療の際、催眠を使っていた。それは大まかにいうと、治療者との友好的な関係のもとで（そうでないと催眠がなかなかかからない）、患者を催眠状態におき、過去に起こったが忘れられていたりあるいは消化されていない「こころの傷（外傷）」となった「出来事（事実）」を、感情を伴って「思い出し」、それを語ることで、治癒に結びつくという考え方に拠っている。この説明はわかりやすいし、実際に現代でも（催眠は用いずとも）同様の考え方に基づいた治療は多くなされ、成果をあげている。

けれどもフロイトは《イルマの夢》の時点（一八九五年）では、催眠を用いるのをやめている。なぜなら、たしかに催眠を用いると、忘れていた事実を思い出すのは容易になるが、そこで隠されてしまう問題があることを重大視したためである（催眠を用いて治ったように思われても、治療者との関係が悪くなったり切れたりすると症状が再発したりすることが多いという事態に潜んでいる問題など）。

「事実」を「思い出す」というが、それは本当なのか？　そう考えること自体になにか盲点があるのではないか？　そうした問いが、ブロイアーの催眠療法からフロイトの精神分析へのスプリングボードとなった。そして《イルマの夢》の二年後に、「事実を思い出す」ことに潜む問題をめぐって、フロイトは大きな危機（そして転換点）をむかえることになる。

こころの現実をめぐって

一八九七年の秋は、フロイトの考えにおいて決定的な転換点となっている。「性的誘惑説から内因欲動論への理論的展開」といわれたり、「誘惑理論の放棄」とよばれたりしているものだ（非常に大きくかつ微妙な問題であり、これをめぐっては現代でも議論の的となっている）。

忘れていたことを思い出すという点にかけては有効で手っ取り早い催眠という方法を放棄したフロイトだが、その後も基本的な考えにおいては、患者の症状には、なにか「原因（外傷を生む出来事など）」があり、それを見出し感情を伴って「思い出す」ことで治癒に向かうと捉えていた。たとえばヒステリー患者たちの治療をするなかで、幼児期に（実親を含む）大人から性的ないたずら・誘惑などの接近を受けたことが語られるのが多いことに着目し、（ごく大雑把にいうなら）そのような過去の事実が後にヒステリーを引き起こす原因となっている、と考えていた。ところが彼はその後、患者の語る内容が必ずしも「事実」とは限らず、作り上げられた面も混ざっている場合があることに気づき、「性的接近を受けた事実がヒステリーの原因である」という理論を放棄せざるを得なくなり、大きなショックを受ける。

「私はもう自分の神経症理論を信じていません」と、そのショックをフリースに告げた(誘惑理論の放棄として知られる)手紙(一八九七年九月二十一日)から重要な一節を挙げよう。

……無意識には現実の標識というものが存在しないので、真実と、情動に満たされた虚構とを識別することができないということが、確実にわかってきたことです。……

フロイトはこのショックのなか転換を遂げてゆくのだが、のちにこう語っている。[11]

……これらの心的産物もまた一種の現実性をもっています。患者がこのような空想をつくりだしたということとは、あくまで一つの事実であり、この事実は、患者の神経症にとっては、患者がこの空想内容を実際に体験した場合にも劣らない重要な意味をもっているのです。これらの空想は物的現実性とは反対に心的現実性をもっているのです。

「心的現実」というのは理解するのが困難な微妙な問題である。ともすると迂闊に理解され、的のはずれた議論を呼んだり、妙な詮索を招いたり、実害の出る治療を生み出したりもしがちである。[12]

フロイトのこの「性的誘惑説から内因欲動論への理論的展開」は、……から……への転換と自分の外の変化として捉えるのでは抜け落ちてしまう面をはらんでいる。また、「事実が正しく想起されたものか、それとも作り上げられたものか」という二者択一の議論とも次元を異にする。それは、現時点で「意識している」ということに密着した問題、対象的に論じようとするとズレが生じるような問題であり、したがってそれを理解しようとする私たち各自の(その都度の）態度まで関わってくるデリケートな問題である。

現実への畏敬

繰り返し述べるが、「こころの現実」において、外的現実（事実）と心的現実とを分けて理解する姿勢自体が問われているのであり、ある種の態度（あるいは覚悟）での取り組みがあってはじめて充分な意味をもってくる。それではフロイトはどのような態度をとったのであろうか。大まかにいうなら彼は、患者の語ることが必ずしも（いわゆる）事実でない場合があるのを知りながらも、それは事実でなく患者の作り話だと軽視するのでなく、外に事実や原因を求めるという聴き方よりもいっそう真摯に患者の話に耳を傾けるようになった。患者の語る話を、「外的現実（客観的事実）かそれとも心的現実（作りごと）か」などと分ける意図をもって聴くというよりは、対象的に取り扱うことを越えたしかたでいかに関わっていけるかという実践となっていった。

これは「心的現実」云々というよりむしろ、現実そのものへの「畏敬の念」と関わることだと思う。また畏敬の念といっても、それは単なる気持ちでなく、自分のコントロールを越え自律的に動いているものといかに誠実に関わっていくか、という実践に直結したものである。フロイトは転換によって、そのような現実そのものへの畏敬の念（の実践）をより深めたといえるだろう。

フロイトの治療実践に関しては次章に譲るとして、ここでは、転換後の自己分析で彼にどのような深化が起こったかを見てみよう。

危機のなかでの深まりと苦渋

この転換後、フロイトは自己分析においても、単に客観的な事実や原因としての過去を探すというよりは、いっそう深みや切実さを伴った探求をおし進めていった。

「誘惑理論放棄」の手紙の少しあとに、幼児期の遊び友だちヨハネとパウリーネのことが思い出された。ときにヨハネと一緒になってパウリーネに「ひどいこと」（おそらくフロイトとヨハネがパウリーネのもっている花束を奪ったこと）をしたと記し、次のように述べている（フリース宛、一八九七年十月三日）。

この甥（ヨハネ）とこの弟が、現在の私の神経症的なものを規定しているし、さらには、私のすべての友だち付き合いにおける強さをも規定bestimmenしています。

「規定している」とは実に強い口調である（「弟」とは、フロイト一歳半時に生まれ、生後半年で亡くなったユリウス。この文章の少し前に、「数ヵ月で死んだ私の一つ歳下の弟のことを、邪悪な願望と嫉妬心でもってむかえた、そして彼の死によって、私に非難の萌芽が残った」とある）。

ヨハネとの思い出は、花束のことや、ヨハネをぶったのを責められたフロイトが「あの子が先にぶったからだ」と言い訳をすることなど、ありがちな情景であり、のちの神経症的な症状の「原因」とされるようなものではないだろう。また、弟ユリウスが死んだのはフロイトが二歳になる前のことであるし、先の陳述は、ユリウスを死ねばいいと幼児期に思ったという「事実」があってそれが現在の自分の神経症的症状の「原因」である、というのとは別の次元の言葉だと思われる。

《Non vixit の夢》の解釈のところでも二箇所で、「客観的な原因かどうか」あるいは「空想か事実か」などという対象的な詮索とは別次元の探求であることが述べられている（「この夢の分析の最中に――どうしてかわからないが――私の脳裡に何度も浮かび上がってくるこの思い出、あるいは空想と思われるもの」と、ヨハネとのことが表現され、別の箇所ではパウリーネを暗に指しているところで、「この空想あるいは思い違いが……」と記されている）。

要するにフロイトは、これらの思い出が繰り返し鮮明に脳裏に浮かんでくるなかで、直接的なこころの動きに即しながら「思い出す」実践をしていったのである。その過程で、自分の人生を貫いているものが、より照らされ[13]、まざまざと目にうつり、しみじみと体験されていったのであり、そのように痛切に突きつけられてくる迫真性が、「ヨハネとユリウスが私の神経症的なものを規定しています」という強い表現を誘っているのではないだろうか。

これが彼の思い出すやり方なのだ

フロイトは一九一四年の論文「想起・反復・徹底操作」で、治療者まで巻き込んでしまうような仕方（「転移」とよばれる事態）で患者が「思い出す」ことを取り上げ、「結局、私たちは、『これが彼の思い出すやり方なのだ』と理解する」と書いている。[14]

これはフロイトみずからの自己分析での「思い出す」行為においてもあてはまるといえよう。第II部でその一端を見てきたフリースとの関係すべて（娘をパウリーネと名づけさせ大満足したり、また決裂したりも含めて）を、結局、私たちは、「これがフロイトがヨハネやパウリーネのことを思い出すやり方なのだ」と理解し得るであろう。

フロイトが自己分析で痛感したのは、このような思い出し方（現時点での関係をおのずと巻き込んでしまうこと）を抜け出られない、ということではないだろうか。「思い出す」際には必ず、その時点での、（周りとの関係も含めた）自分が関わっており、そのようなあり方を私たちは抜け出すことができない。そういう事態を見すえ、痛感しながら、そのなかでいかにやってゆくかが、自己分析でも治療でも根本テーマとなっている。

第三者の盲点

例として、フロイトが幼児期にヨハネへ語った（あるいは思った）「お前なんか要らないよ」（直訳すると「私はあなたを必要としない」）という言葉を取り上げてみよう。本当は必要なのに「お前なんか要らないよ」と言わざるを得ないような葛藤は、誰しも経験のあることではないだろうか。ここで注目したい点は、フロイトがヨハネに対して直接その言葉を伝えるという事態と、第三者が「フロイトはヨハネを必要としていない」と理解するという事態とには、大きな隔たりがあることである。またあるいは、第三者が「フロイトは必要としないと言っているが、必要とする気持ちと必要としない気持ちのあいだで葛藤している（これを心理学用語では

『アンビヴァレンツ』とよぶ)」などと捉えるのは、理解としては正しいかもしれないが、当事者が直接に言葉をぶつける体験とはやはり別ものである。

このように、第三者的に受け取るのと、当事者がやりとりをするのとでは、その間に大きなギャップがある。言葉というものは常にそのような問題を秘めている。一般論的にものを言うことと直接相手に語ることとのギャップが、(心理療法など)深い人間の関わりにおいては顕在化しがちであり、実際の関係をめぐって問題が関わってくる。そのギャップをはらみながら進んでゆくことの苦渋が、フロイトの自己分析においても重要になっている(これは治療においても最も重要な問題で、「転移」とよばれる事態である)。

フロイトの苦渋は先の手紙にも端緒が現われている。「ヨハネとユリウスがすべての友だち付き合いの強さを規定している」という文言はフリースへ宛てられているが、しかしその「すべての友だち」にフリース自身が含まれているかどうかは、どちらかというと棚上げされているような印象を受ける。その後はだんだんと、フリースとの関係をも巻き込んで、その葛藤が激化するかたちで自己分析が進んでいく。

『夢判断』執筆においてフロイトは、もちろん一般の読者を念頭においてはいるが、とりわけ顔を浮かべている読者はフリースである(彼への手紙で数度にわたり「唯一の読者」という表現をしている)。そして彼との関係がフロイトの「思い出す」行為と絡んで問題化されてゆくところが最大の山場となっている。一般論を説く言葉ではなく現実の関係をはらんだ言葉をいかに発するか、という苦悩の深さが、『夢判断』のすさまじいばかりの文体を生み出しているように思われる。

私たちへの問いかけ

ここに述べていることは私たち各自にも関わることとである。「覆われた思い出」（隠蔽記憶）というが、いったい何が覆われているのだろうか？　それは「思い出す時点での自分自身（私たち各自）のあり方が関係すること」かもしれない。つまり、夢の意味と同様、関心を共にすることなく外側から眺めるだけでは何が覆われているかさえ見えない、そこが覆われたところだともいえよう（ちなみにフロイトは夢と隠蔽記憶の対応について述べている）。

《イルマの夢》の前置きでフロイトは、「読者が自分の関心としないと夢の意味はわからない」と明言しているが、私たち各自が「自分の関心とし、当事者として関わる」ことなしにはわからない何かに重要なことが秘められていると、彼ははっきり認識していたのだろう。

私たちのそのような関わりはどこまでも深まりゆく。言葉が自分自身にどのような意味をもつかは、その時点での私たち一人ひとりのあり方、経験などによってさまざまな様相を呈してくるだろうし、それは自分自身でも見極めがたい深さをもたらすことであろう。

フロイトは「夢に意味がある」というが、これは、彼の要求するような関わりに意義があると信じて営み、そのなかで各自がさまざまな体験をしていくことまでを含めて、意味があるということだと考えられよう。本書が、私たちが今後もそのように取り組んでゆくのに役立てばと願う。

第八章　知‐行的側面

第II部で見てきたような過程を経ながら、フロイトは「精神分析」という独自の心理学を築き上げ、生涯その実践と発展に力を注いだ。亡くなる直前まで臨床実践も著作活動も続け、多くの著作を残しているが、そのひとつのなかで次のように述べている。[1]

私は、被分析者が精神分析の著作を補助として読むことを好まない。私は、彼らが自分の人格で学ぶように要望するし、そうすることによって、精神分析のすべての文献が教えてくれるであろうことよりも、より多くのこと、より価値のあることを体得するだろうと、彼らに請け合っている。

本を読んで学ぶよりも「自分の人格で学ぶ」という実践のほうが多くをもたらしてくれる、という確信がここに述べられている。自分の人格で学ぶということにはもちろん、自分の性格や過去や人間関係などを振り返ったり人からアドバイスを受けたりしながら自分とは何かを考える、といったことも含まれようが、それにプラスアルファのことがここで問題となっている。そこで本章では、「自分の人格（こころ）で学ぶ」とはどういうことか、こころが関わる知と取り組みにおける基本的な問題を考えていきたい。どこか自分の外に精神分析という理論や方法があると想定して、それを紹介したり学んだりするというより、私たち一人ひとりが「自分の人格で学ぶ」実践を進めるうえで、この章が何らかのヒントになれば幸いである。

フロイトの展開した心理学は、「知」（理論的な側面）と「行」（実践的側面）が一体となったものであるが、そのどこがどのように画期的であるのかをまず見ていきたい。そのうえで、彼のいう「こころの深い次元」を取り上げることにする。そして最後に、私たちがこころに関する知−行を学んでいく際の問題を見ていこう。

熟考なしに

前章で私たちは、フロイトの「こころの現実」をめぐる転換を垣間みた。「現実への畏敬の念」が深まったことがポイントではないかとも考えた。フロイトが画期的なのは何より、「畏敬」と結びついた実践が生涯を貫いているところかもしれない。

《イルマの夢》は「夢解釈の方法」と題された章に記されているが、その方法をフロイトは「熟考なしに ohne Nachdenken」「自己批判なしの観察」と表現している。ドイツ語で Nachdenken

は熟考・省察・反省、つまり「よく考える」という意味である。それが人間にとって重要なのは言うまでもなかろう。しかしながら、自分なりに熟考しても解決がつかないからこそ心理療法家のもとを訪れる患者が大勢いるのである。また、熟考や自己批判が「こころにやってきたものに自由にさせる」のを妨げることもあり得る。そうした「熟考・自己批判では届かない問題」に踏み込もうとする姿勢こそが、フロイトの方法上、重要なポイントとなっている。

フロイトは以前から患者に対してはその方法を用いていたが、それを自分自身が徹底的にやり抜いていく始まりとなったところに《イルマの夢》の画期がある。フロイトはたしかに幼児期から現時点にいたるまでの人間関係や時々の願望などに反省や熟考を加えてもいるが、それらすべてを貫いて、「熟考なしに」という方向性（あるいは覚悟）があるのである。

なにかを対象化する時点ですでに畏敬が失われてしまっているのではないかと前章で述べたが、フロイトの「熟考なし」の態度の継続は、現実「畏敬」の実践的な姿といえるであろう。そのような態度に即しながら、彼はいったいどのような心理学を築き上げ、実践していったのであろうか。

経験や学習の応用を越えて

自分の経験したことや、本を読んだり人から指導を受けたりして学んだことなどをふまえて、物を見たり考えたりするのは通常のことである。[2] フロイトにしても、第II部でその一端を見たような自らの経験を通じて、自分なりの心理学を築いていったわけで、自分の理論的期待（たとえば、「広い意味での性の問題が重要である」「幼児期からの問題が継続しており、それが現時点での人間関係と重なった問題として現われる」など）は当然ある。たしかにそうではあるが、「自分の理論的期待からすると云々」ではないところに重要性があるのをはっきりと見すえていることのほうが、より重要である。

フロイトは一九一二年の技法論において次のように述べている。[3]

> 被分析者に、思い出を集めるようにとか、人生のある時期についてよく考えてみるようになどの課題を出すことは正しくない。むしろ被分析者は、容易には受け入れられないことなのであるが、何よりも次のことを学ばねばならない。それは、熟考 Nachdenken というような精神活動や、意志や注意力の努力によっては、神経症の謎は決して解決されないこと、そうではなく、無意識やその派生物に対しての批判を遮断することを要求する精神分析の規則に忍耐強く従うことによってのみ解決されるということを。

意識する時点で

「いついつの時期に問題がありそうだ」「こういうふうに考えれば（取り組めば）よい」というような理論や技法や着眼点などは、フロイト自身も展開しているし、フロイト以降も発展しているが、それより根本的なところを捉えているのがフロイトの特徴である。

それでは、「意識すること」の根本に潜む問題を見つめたフロイトの文章に、じっくりと耳を傾けてみることにしよう。[4]

何も特別に注意を向けようとせず、耳に入るすべてのことに「平等に漂う注意」を向ける。このようにして、そうでなければ毎日多くの時間を保っておくことのできないような注意の緊張をなしですませ、意図的な注意と切り離せない危険を避けるのである。つまり、注意をある高さにまで緊張させるやいなや、提供された素材から選択をも始めていることになる。ある部分に特に注意を固着し、別の部分を除外し、このような選択をすることで、自分の期待や傾向を追うことになる。しかしまさにこのことこそ行なってはならないことである。選択をして自分の期待を追うときには、自分がすでに知っていること以外は、何も見出さない危険に陥っている。自分の傾向を追うときには、認識することが可能なことまで、きっと歪めてしまうだろう。患者から聞くことのほとんどは、後になってはじめてその意味がわかるようなことであることを忘れてはならない。

みてとれるように、すべてに等しく注意するという規定は、思い浮かんだすべてのことを批判も選択もせずに語るという被分析者への要請と必然的に対応する。治療者がこれと異なった態度をとると、患者の側で「精神分析の基本規則」に従うことで得られるはずの利益の大部分を無駄にすることになる。治療者に対する注意は次のように言い表わすことができる。自分の注意力からすべての意識的な作用を遠ざけ、完全に「無意識的な記憶」にまかせなさい。あるいは純粋に技法的に表現すればこうなる——何に注意するかには気を使わなくてよいから、ただ聴きなさい。

意識することとは本質的に「選択する」ことと結びついている。さらにそれは、自分の期待や傾向を追うことにもつながりがちである（「自分の勝手な期待や傾向を追ったりしないようにしよう」と注意したとしても、そのように「注意する」時点で見過ごされてしまう、という次元のことが問題となっている）。そこでフロイトは、問題に取り組んでゆく根本姿勢として、熟考や自己批判を投げ出す方向での（ある意味では自分自身を投げ出すような）実践を示唆しているわけである。治療者としての理論的期待や自分としての傾向があるのは当然かつ自然だが、そのことや「自分自身（治療者）が意識する」時点での根もとが見すえられ、それが「ただ聴きましょう」という一句に集約されている。

困難への挑戦

この「ただ聴く」ことを別の言葉で、フロイトは次のように述べている。[5]

治療に際して、意識的な目標観念を放棄し、繰り返し、「偶然」と思える導きに完全に身をゆだねることは、被分析者にとってだけでなく治療者にとっても、ほとんど無理な要求であると私はわかっている。だけど、私たちの理論的主張を信じることを決心し、無意識の導きが諸関連を作り出していくことに逆らわないように自己克服していけば、そのつど報われることを私は請け合うことができる。

「ただ聴く」「こころにやってくるものに自由に」がほとんど無理であることを痛感しながらも、その困難に挑戦しつづける実践が、フロイトの生涯を貫いた根本といってもよい。

それではいったい何が、「ほとんど無理」というほど困難にさせているのだろう。フロイトはその妨げのもとを「抵抗」とよぶ。[6]

抵抗に逆らいながら、精神分析の基本規則に従い、仕事をすすめていくことで、被分析者が気づいていない抵抗に沈み込み vertiefen、仕事をやりぬき durcharbeiten、克服するためには、被分析者に時間を与えなければならない。……その際、治療者は、ひたすら待ち、避けることも速めることもできない経過に身を任せる以外、何もすることはない。

こころにやってくるものと同様、それを妨げるものにも、「避けることも速めることもできない経過」という、こちらの恣意的な操作を越えた自律性があり、それを尊重して関わってゆく態度がうかがわれる（ここで「待つ以外、何もすることはない」といっても、ただ漫然としていればよいわけではなく、思うままになるものを越えて動いてゆく経過への誠実な取り組み、つまり「仕事をやり抜いてゆく」ことが求められている）。

こうして「ほとんど無理な要求」に向かっていく際、そのつど起こってくる妨げ（抵抗）を丁寧に扱うことが重要になるが、それを詳述するのは本書の範囲を越えるので、ここでは、主な妨げが二つあることだけ記しておこう。それは、「自己批判・熟考にとどまったまま安住してしまうこと」と、「人間関係が絡むなかで盲点となること」である。

フロイトは次のように述べている（一九二九年九月十六日）[7]。

無意識の深層に達することができるのは、自己批判を脇へ除けて、そして、治療者がどう思うかを気にかけなくなったときのみです。自己批判は制止の一つの形態です。

「こころにやってくるものに自由に」を目指す実践において最も困難な二つの抵抗がここに述べられている。そもそも、謎は自己批判や熟考によっては解決できないというところを見すえ、「自己批判を脇へ除けて」という態度が深層心理学の基本であるが、ともすると深層心理学の用語すべてが単なる自己批判の一環にとどまりがちであるところが最大の抵抗である。

もう一つの大きな抵抗は、「治療者がどう思うかを気にかける」ことをはじめ、人との関係に問題がすりかわり停滞してしまうことである（人への愛着や敵意、馴れ合いや、認められたい気持ちなどに変わって、停滞したり、盲点となってしまったりする状態）。前章でも、「思い出す」際に相手を自ずと巻き込んでしまうあり方から抜け出られないことを述べたが、常に人間関係が絡んでくることであり、そのなかでどう進んでゆくかが、心理療法で重要かつ困難な問題となっている（これは集団の人間関係においても、「党派性」などの問題として現われる）。

こころの深い次元

「意識的な目標観念を放棄して……」ということは、被分析者だけでなく治療者にも課せられている。しかしどうしても、自分自身だけは外側に立って相手にそれをさせるというかたちにはまってしまいがちである。そもそも、自分がそうなってしまっているのに気づくことが途方もなく難しい。

深い次元の驚き

フロイトは亡くなる二年前の論文で、「多くの分析家が、分析の結論や要求を人には向けても、防衛機制を用いて、自分自身には向けず、分析の批判的・訂正的な影響を自分はこうむらずに、変わらないままですましているように見える」と述べている。[8] どうしても自分が背後にまわって「相手に起こった抵抗をどうこうする」といった態度に安住してしまう（指導的立場にあったりすると殊更）。フロイトはそこに潜む問題の驚きを次のように述べている。[9]

人に精神分析を施すことに非常に有能な治療者でも、自分が分析を受ける対象となるやいなや、別人のようにふるまい、極めて強い抵抗を示すことがあると聞いても、神経症の本質をよくわかっている人なら驚かないだろう。ここでまたしても、こころの深い次元の印象を受けるのであり、神経症は、分析的な修練が達していない心の層に根ざしている、ということに少しも驚かない。（傍点引用者）

有能な治療者として神経症の治療に実績をあげている精神分析家であっても、自分自身が分析を受ける際には別人のようになってしまうことがあるという。治療者は専門家として、知識や技術の面で患者に無いものを持っているのは当然であるが、たとえ治療者としては有能でも、ここに示されているようなギャップを足元に抱えているものである。

フロイトはそのこと自体が「神経症の本質」で「こころの深い次元」に関わることだという。他人のことあるいは一般的な事柄を問題とすることと、自分自身が問題化されることとの間には、途方もない溝があり、このような足元に潜む問題への「驚き」こそが深層心理学の根本にあるということかもしれない。

彼はこの引用で「驚かない」と二度述べているが、こころの深い次元は、人や自分の内面を

「無意識」という語を用いて説明することとは次元を異にしており、そこには、何度驚かされてもまた新たに驚かされるような問題が潜んでいる。

信じることと実践すること

理論に関してもう少し具体的に見てみよう。まずはフロイトの「夢の仕事」に関して、『夢判断』に記されているところから（夢の仕事とはたとえば、イルマという夢のなかの人物にソフィーをはじめ多くの人物が重なって現われていることを「圧縮」とよぶことなど）[10]。

> 最も難しいのは、たとえ意味豊かで、筋の通った完全な夢の解釈を手に入れ、夢内容のすべての要素に関して情報が得られたとしても、それで課題がすべて片付けられたのではないという事実を、初学者に認識させるようにすることである。……本当に容易でないのは、……夢の仕事の巧妙さを信じることである。

ここで語られているのは、「夢の仕事は非常に巧妙である」と信じ込めばよい、ということではない。連想や解釈などが出てきたあとでそれをあれこれ再構築することと、言葉が現われ出てくる現場に立つ態度とのギャップに潜む困難が、ここで問題となっているのである。フロイトの夢に関する理論も、「現時点の自分ではまだその夢の問題が片付いていない」と信じて、「熟考なし」の態度で進めていく実践のなかで意味をもつのであるが、えてして、外から理論をあてはめる作業になりさがってしまうところが難しい。

「夢の仕事の巧妙さを信じる」とあるが、前節で引いた文章でも、精神分析の「理論的主張を信じることを決心し……」と述べられていた。ただし理論を「信じる」といっても、その理論が正しいと思い込んで、人や自分にそれをあてはめて用いる、ということをいっているのではない。要は、自分自身が「意識的な目標観念を放棄し、繰り返し、『偶然』と思える導きに完全に身をゆだねること」を実践していくという行為においてはじめて現成するような「信」である。つまり、自分がまず理論を把握してそこからどうこうするという次元ではなく、その都度の（精神分析理論から想定されるものも含む）意識的目標を放棄して、繰り返し偶然に身を任せる「決意」と一体となった理論‐技法が問われているのだ。このような知‐行が求められるところに、深層心理学の画期的かつ困難な側面がある。[11]

無意識という言葉

深層心理学では「無意識」が根本概念となっている。それは通常、他人や自分のこころで当人が気づいていなかった（いない）ところなどを指すのに用いられる。しかしながらその概念は、他人や自分に対して「あてはめる」たぐいのものではなく、自分自身の足元に常に潜んでいる盲点と絡んだ問題である。フロイトの「無意識」なる用語は、自分や他人の背後のこころをあれこれ説明する道具ではなく、「こころにやってくるものに自由にさせる」という実践、そして当然起こってくる抵抗に対して丁寧に取り組んでゆくという実践、そのなかでこそいきいきした意味をもってくる言葉だといえよう。

理論の言葉はともすると説明的に用いられ、わかったような気にさせやすいものである。たとえば第II部を通じて見てきた、「いったい自分は何を望んでいるのか？」の疑問を願望充足とよび、「憧れの気持ちと同時に敵意も密かに貫いているのか！」の驚きをアンビヴァレンツとよび、「つらいことなのに、なぜ同じことを繰り返してしまうのだろう……」の自問を反復強迫とよぶと、疑問や驚きのなかでの探求という側面が抜け落ち、あたかも説明されたかのような錯覚に陥りがちである。

また、「わたし」のあり方に関する理論にも同様の盲点がある。これも第II部で見てきた、「自分は密かにこんなことを望んでいたのか！」をエスといったり、「自分の奥に自分を罰したいような願望もあると言わざるを得ないのか！」を超自我といったりして、わかったような気になりがちである。本当に自分の問題として取り組んでいく方向で使われるのなら、それらの理論的用語も意義深いものであるが、わかりきったものとして説明的に用いるのは迂闊というものであろう。[12]

こころの知を学ぶ

「こころをめぐる知」に潜む問題を取り上げてきたが、本節では、それを学ぶ際の問題に焦点をあててみたい。

自分自身が分析を受ける

何かを学んでいこうとする際に私たちは、本を読んだり、講義を聞いたり、指導を受けながら実地に習得したり、という道程を歩む。フロイトの創始した理論や方法を学ぶ場合ももちろん、そのような方向は含まれている。けれども、本当の意味で「こころをめぐる知」を学ぼうとするなら、プラスアルファの何かが求められる。フロイトは、「技法を教える」際の問題に関して次のように述べている〔一九三〇年三月六日〕[13]。

分析技法についての論文の場合には、論文という形式は全く不適切だと感じます。論文によって分析技法を伝えることができるとは、とても信じられません。それは個人的に直接教えることを通して伝えられなければなりません。もちろん、初心者には初めに参考にすべき書物が必要だとは思います。さもなければ、手がかりにするものが何もないことになりますからね。しかし誠実にその指示に従って分析をすすめていく場合、まもなくいろんな障害にぶつかるはずです。そうすると、どうしても自己流の技法を発達させざるを得なくなってくるのです。

ここで「個人的に直接教える」とは、自分自身が（いわば患者の立場になって）分析を受けることを指しており、それは通常「教育分析」とよばれている（深層心理学での治療者となるためには、そうとうに長い期間、教育分析を受けることが必須となっており、ある時期から制度化され現在まで続いている。ちなみにこの引用自体、フロイトが教育分析中に発した言葉である）。個人的に直接教えるといっても、知識や方法を教えるのではなく、「どうしても自己流の技法を発達させざるを得なくなってくる」というような成長を促すべく、治療者自身が率先して「意識的な目標観念を放棄し、繰り返し、『偶然』と思える導きに完全に身をゆだねる」という、ほとんど不可能な態度で継続して会っていくことである。

自分が分析を受ける重要性は、治療者を目指す人にのみあてはまるわけでない。[14]

種々の精神科学を代表する人たちが、精神分析の方法と観点を彼らの研究材料に応用するために、精神分析を習得しようとする場合、精神分析の文献に書かれている諸成果に頼るだけでは充分ではない。精神分析に対して開かれている唯一の道を通って、すなわち自らが分析を受けることによって、精神分析を理解する術を見つけなくてはならないでしょう。

ここでは、自分自身が受けることなしには学べないことがあると明言されている。ある種の鍛えられた姿勢を有する人と継続して会っていくことで、いろいろな障害にぶつかりながら、「どうしても自己流の方法を発達させざるを得なくなってくる」という風に育まれていくものが確かにあるということであろう。

それでは次に、フロイトが実際に教育分析を行なった記録から考えていこう。彼から実際に教育分析を受けた何人かが記録を残しており、彼の実際の様子を、ほんの少しではあるがうかがわせてくれる。

ここではブラントンという人物（精神科医）が教育分析を受けた記録から、いくつか紹介する。フロイトが繰り返し言う言葉は、「今日が初めてだと思って自由に話してください」「こころに浮かんできたことを、あれこれ批判して、言わないでおいてはいけません」などである。そのような取り組みのなかで、被分析者のブラントンは、自分に幼稚なところがあるという欠点に気づき、自己批判的なことを述べた。するとフロイトは次のように言った、「抵抗が示す主な型の一つを知っていますか？　それは自分を責めたり、批判したりすることです」。

　また、自由連想法をしていく過程で被分析者が、単に自分の行動を思い出すだけでなく、その背景にある「理由」を洞察し述べはじめた。するとフロイトはこう言った。[15]

> 理由について話す必要はありません。やがて時がくれば、理由は自ずから現われてくるものです。人が何かを私に話してくれた場合、私はその理由を考えようとはしません。理由はやがて現われてくるものだからです。オリヴァー・クロムウェルの言葉だったと思いますが、次のような諺があります、「どこまで跳べるかを知らずに（考えずに）跳ぶときが、一番高く跳べる」。分析においても同じです。

また別のときにフロイトは言った。[16]

> 精神分析には一つの規則があります。すなわち、治療者は、患者について、正確な意味を見出そうと思いわずらってはいけないということです。治療者はそんなことに心をくだく必要はないのです。抵抗を克服できるように患者に手を貸してさえいれば、結局は患者のほうで意味を見つけ出すものです。もし治療者が患者に無理に意味を見出させようとしたり、患者を助けようと試みたりすると、かえって患者の抵抗が増す結果になってしまいます。

印象深い、活きいきとした言葉である。ここにはごく一部を挙げただけだが、その記録全体を読んでうかがえることは、「こころにやってくるものに自由に」という実践の難しさと、その妨げへのフロイトの丁寧な対処ぶりである。被分析者のブラントンは、精神分析の言葉を用いて自分のことを反省したり、「理由」や「意味」を洞察したりして（それ自体は悪いことではないが）、そこでの停滞からどうしても抜け出せずにいる。そのようなあり方からいかに脱するかにフロイトが苦心していることもよくわかる。また、被分析者ブラントンの「フロイトに気に入られたい、評価されたい」といった思いも多く見られ（それ自体は自然なことだろうが）底流する問題となっている。

反省したり洞察したりすることはそもそも良いことであるだけに、自分一人だと、そこにとどまり、安住してしまい、「こころにやって来るものに自由に」という態度でのさらなる継続が難しくなる。だからこそ、そうした姿勢の鍛えられた人と会っていくことなしには学べないのである。けれどもその際に、馴れ合いや愛着や敵意などに問題がすりかえられがちなのも難しいところだ。

またフロイトの言葉は、分析家である自分が率先して「理由を考えようとしない」「意味を見出そうとしない」という徹底した姿勢、「何も考えずに跳ぶ」というところから生み出されたものであることが感じられる。跳躍をコーチする人の喩えでいうと、指導者は、もちろんいろいろな理論や教え方を知っていなくてはならないが、プラスアルファの態度、すなわち自分自身が、何も考えず跳んでいるような姿勢を貫き得るかどうかがポイントとなっている。

念のため強調しておくが、以上のフロイトの言葉を「このように言えばよいのか」などと捉えると大変な間違いが起きる（相手が自分の欠点を自己批判したら「それは抵抗です」と答える、相手が理由を洞察して述べたら「理由を言ってはいけません」と答える、というような真似ごとは、無意味なだけでなく有害となろう）。彼の言葉は、自己批判を脇へのけ理由も意味も考えずに会っていくという鍛えられた姿勢があってのものである。

自分自身を知る

《イルマの夢》への取り組みには「夢の意味を見出す」という課題があったが、また同時に「自分自身とは何か」の探求も重なっていた。その問いはどのように答えられたのだろう？もちろん第II部で見てきたことすべてが、フロイトの自分を知るための実践の一端である。しかしそれだけにとどまらず、ここで少し覗いた治療実践も、彼が自分自身を知る営みの展開といえるのではないだろうか。

フロイトが「理由も意味も考えず」ひたすら「こころにやってくるものに自由に」という探求を被分析者と共にしていく姿は、夢の意味を知る、自己を知る、という当初からの取り組みが、そのようなかたちで継続（そして結晶化）していると思われる。

それに即していえば、私たち一人ひとりが「関心を共にして沈み込む」努力をしながら『夢判断』を「読む」ということも、そのまま各自が「わたしを知る」実践となり得るであろう。また、そのようなものとして本書が役立つことを願っている。

第九章　ダイモーン的側面

《イルマの夢》を見た日（一八九五年七月二十四日）、フロイトはフリースへ手紙を送っているが、その冒頭には「ダイモーンよ、なぜ手紙をくれないんだい？」とある。

ダイモーンとはいったい何者なのか、ひょっとするとフロイト自身よくわかっていなかったかもしれない。そこで本章では、「ダイモーン」とよばざるを得ないような、人間業を越えているような、なにかよくわからないものをめぐって見ていきたい。

ダイモーンへの畏敬

《イルマの夢》以降の自己分析を経て、その「ダイモーンよ」という呼びかけはどのようになっていっただろう？　『夢判断』の最後のほうに記された文章から、そのことの一端がうかがわれる。[1]

古代の諸民族の間で夢にはらわれた尊敬は、人間のたましいの中にある飼い慣らせないもの Ungebändigten、壊すことのできないもの、すなわちデモーニッシュなるものに対する、正しい心理学的な予感に基礎づけられた畏敬の念である。このデモーニッシュなるものが、夢の願望を生み出すのであり、私たちは無意識の中に、デモーニッシュなるものをまたしても見出すのである。（強調はフロイト）

これは、「自分が築き上げる心理学は、デモーニッシュなるものへの畏敬の念を正しいとし、その畏敬の念に基礎づけられたものである」というフロイトの宣言であると思われる（「デモーニッシュ」はダイモーンの形容詞型）[2]。

本章では全体を通して、フロイトのいう「デモーニッシュなるものへの畏敬の念」がどのようなものかを探っていきたい。まず第II部の三つの章と対応させ、以下の三節で「罪と罰」「死ぬことと生き延びること」「悲哀の遊び」と見てゆく。そのうえで最後に、こころの問題に取り組む際の根本的な姿勢を考えてみよう。

罪と罰

「償えていない罪（返済できていない借金）」の痛切さが、フロイトの自己分析全体を貫いていると思われるが、果たして、罪の償いはなされたのだろうか？

道徳の根底

《イルマの夢》は一言でいうと、「あなただけのせい Schuld です」と、自分の側の責任を百パーセント相手に押しつける夢である。そしてフロイトはその夢に取り組む過程で、人のせいにしたその背後に、自分の側の責任もあること、自分の側の願望がさまざまにはたらいていることを発見してゆく。しかしそこでも彼は、後悔や謝罪の言葉を述べていないように見うけられるが、これはどうしたことだろうか[3]？

もし自分を棚上げして人のせいにしていたとしたら、私たちはそれに気づいていくほうがよい。それは当然である。また、自分の体験から人間の一般的特性を引き出して「人間は他人のせいにしたがるものだ」と言ったり、道徳的教訓として「えてして他人のせいにしがちなので、そうならないように気をつけよう」と述べたりすることは、文章の内容としては正しい。また、たとえば《Non vixit の夢》からでも、「ひとは他人を自分の願望からのみ扱う傾向がある」「かけがえのなさを大事にしましょう」などと妥当な文章はすぐに見つかるものである。

ところが、正当な一般論や道徳的教訓を口に出したり、あるいは自分では実行していると思ったりしていながら、その時点で実はうかうかしているという事態に私たちは陥りがちである。それでは、そうした事態から抜け出ることは果たして可能だろうか。いわゆる道徳や倫理に関係する難しい問題が、ここには潜んでいる。それは、反省したり自己批判したりするだけで済まない問題である。

私の十字架

そうした問題に熟考・自己批判を越えて取り組んでいるところに、《イルマの夢》以降の自己分析の特徴があると思われる。『夢判断』出版四ヵ月半後のフリースへの手紙を引用しよう〔一九〇〇年三月二十三日〕。

私に重くのしかかっているものは、ほとんど全く取り除けることができません。それは私の十字架 mein Kreuz です。私が担わねばなりません。そしてその過程で、私の背中がはっきりと曲がってきていることは、神のみが知っています Gott weiß。

印象的な一節である。「私の十字架」という、自分が背負っていくしかないものがあるという自覚、それは取り除くことができないもので、これからも担いつづけていくしかないという覚悟・決意が述べられている。フロイトの自己分析や治療は、そのような十字架を負い、その重みでだんだんと背中が曲がりながら歩んでゆく道のりだったといえるであろう。『夢判断』を出版する頃にはフロイトの神経症的な症状はそうとう良くなっているのであるが、それはなにか洞察したからというよりも、「私の十字架を担いつづけていくしかない」という覚悟に至ったことが、より大きな意味をもったのではないかと思われる。

フロイトは同じくフリースへの手紙で次のように述べている〔一九〇〇年五月七日〕。『夢判断』がどのようにして執筆されたかがうかがわれよう。

〔『夢判断』に対していくつか批評がなされたが〕問題と答えとの「不均衡 Mißverhältnis」を、私より見抜いている批評家はいません。私が初めて足を踏み入れた最初の人間であった、こころの生 Seelenleben の未踏の領域が、どの一点も私の名をもたず、私に従わないということが、私への正当な罰なのでしょう。天使との闘いで、息が止まりそうになったとき、私は天使に、「放してくれ」と頼みました。天使は放してくれました。私は強者ではありませんでした、それ以来、はっきりと足を引きずっていますが。

「天使との闘いで、息が止まりそうになったとき……」とあるが、これは、『創世記』三十二章に記された族長ヤコブと天使との闘いを踏まえている。[4] ヤコブは、夜中に何者かに闘いを仕掛けられ、一晩中格闘する。結局、相手が「放してくれ」と音をあげ、ヤコブが闘いには勝つが、その相手に足をうたれており、以後、足を引きずることになる（闘いの後でその相手が天使だったとわかる）。

天使（あるいはダイモーン）との闘い

引用した箇所の直前には「ダイモーンとの闘いの苦労 die Mühsal des Ringens mit dem Dämon」ともある。とにかく人間業を越えた途方もない相手と苦戦を強いられたのだろう。フロイトはその闘いのなかでほとんど死にそうになり、ヤコブとは違って自分からギブアップし、「放してくれ」と言ってしまう。つまり、負けたうえに足を引きずることになった。ここからも、自己分析をすることや執筆すること自体が、どのような思いでなされたかがよくうかがえる。

夢や、人間関係や、出来事に、自分の思うままにならない側面があるのは当然であるが、解釈や執筆も、（もちろん精一杯の意識的な努力をしながらではあるが）自分の思うままにならないものが強くはたらいているなかで営まれるものである。この手紙を読むにつけても、『夢判断』は、その行間から、息が止まりそうになっているフロイトの「放してくれ!」の叫びが聞こえてくるような作品だと感じられる。

本章の冒頭に「デモーニッシュなるものへの畏敬の念」という言葉をあげたが、それは、敬い立てるというより、なにかわからない人間業を越えた力と誠実に取り組んでいくことを意味しており、それは「格闘」と同じ事態であろう。

問いと答えの不均衡

『夢判断』は、夢の意味は何かという問いに答える体裁になっているが、そこにある「不均衡」は途方もないもので、その著しさをフロイト自身が痛感している。問題と答えの間には、底の見えない深淵がひらけており、その溝が「天使(あるいはダイモーン)との闘い」の場となっているのであろう。「デモーニッシュなるもの」は、対象としての何かでなく、自分の足元にある盲点(ギャップ)を通して現われ、痛感させられてゆくものなのかもしれない。

フロイトの語り口は、「熟考なしに」「こころにやってくるものに自由にさせる」姿勢が貫かれて、それがそのまま言葉となって立ち現われてきたようなところがあるが、「こころにやってくるもの」がまさにやって来る現場に立ち会うことと、やってきたものを対象として考察したり再構成したりすることのあいだには深い溝が横たわっている。たしかにフロイトも熟考しているし再構成的なこともしているが、その全てを突き通してこのような深淵がひらけており、ここに重大な秘密が潜んでいるものと思われる。

それはそのまま私たちが『夢判断』を読む際の困難に直結している。このギャップのすさまじさは、「問題は……で答えは……、それゆえ……のギャップがある」というような外側からの観察では見えてこないものである。それは私たち読者が、言葉が出てくる現場に立ち会うような読み方をしてはじめて見えてくる（あるいは体験される）のだろう。

『夢判断』は、（先の手紙の言葉をかりれば）「天使（あるいはダイモーン）との闘いのドキュメンタリー」あるいは「闘いに負けて足を引きずった足跡」などとよぶこともできようが、ともするとただの足跡研究になってしまいがちである。足を引きずって歩いていったフロイトに触れるには、各自の努力と工夫が必要となろう（外側から見てテーマを指摘したりすることと、当人がその問題へどのようにして取り組み、いかにそのテーマを生きるかということは別物である。私たちは往々にして、テーマや、物語のあらすじや題名だけで、なにかがわかった気になったり、説明された気になりがちである）。

正当な罰

先の手紙では「こころの牛の未踏の領域が、どの一点も私の名をもたず、私に従わないということが、私への正当な罰なのでしょう」と述べられていた。フロイトはこの「私に従わないこころのなにか」を無意識とよんだわけであるが、自己分析や執筆においても、それは自分に従わないところの多いものであることを痛感しながら、「この闘いは自分への正当な罰」と覚悟するに至ったことがわかる（《Non vixit の夢》の解釈には「夢の中で感じられた私の満足の一部は、『これは正当な罰だ。お前がそうされるのは正当だ』というふうに解釈される」と記されているが、こう解釈せざるを得ないところまで含めて、フロイトへの「正当な罰」ということだろうか）。

第三章で見たようにフロイトは患者アンナ・フォン・リーベンを「罪の償い精神病」とよび、その治療自体も「罪の償い」と表現し、そのような過程を共にした彼女のことを「師」と名づけていた。それと同様に、私たちもフロイトの「ダイモーン（あるいは天使）との闘い」を「罪の償い」とよび得るだろうし、（「師」とよぶ必要はないが）その取り組みから多くを学んでいけることだろう。

死ぬことと生き延びること

フロイトは『夢判断』自体を「父の死へのリアクション」と述べているが、自己分析全体を通して、「自分にとって重要な他者の死」が大きなテーマとして存在していた。そこで本節では、自分にとって重要な他者の死、すなわち、自分がその人より生き延びることの問題、さらには、自分の死の問題に関しても見てみたい（フロイトが『夢判断』を執筆していた時期、「自分が死ぬのでは」という不安がきわめて強かったことは、主治医マックス・シュールの記録に詳しく述べられている）。

自分がいなくなる

人のことを考えることと自分自身が問題化されることとの間のギャップも本書に通底するテーマだが、この溝が究極的に大きいのは「死」の問題であろう。他人の死なら客観的に観察もできようが、自分の死を観察することはできない（体験できた暁には、すでに人に語れなくなっている）。ただ、自分にとって重要な他者の死をいかに受けとめるかという問題に、自分の死も重なって問題となることはあり得るだろう。

たとえば「いない／いた」遊びをしているエルンストにとって、母親が「いないくなる（自分のもとを離れる）」ことが関係していたが、そのとき彼には、「自分自身が『いない』となることとはどういうことか」ということもテーマとなっていたことが、フロイトの付けた註からうかがえる。[5]

ある日、母親が何時間も留守にしてから戻ってくると、次のようなあいさつを受けた。「ベビー、オーオーオーオー。」 それは最初のうちはわからなかった。しかし、まもなく次のことがわかった。子どもは、この長いひとりぼっちのあいだに、自分で影を消してしまう手段を発見していたのである。子どもは自分の映像を、ほとんど床まで達している鏡の中に発見し、それから低くかがみこんで映像を「いない」にしてしまったのである。

鏡に映った自分の姿を消し「いないいいない」と言っているエルンスト。一歳半の幼児が自分の死を問題にしていた、とは言い過ぎであろうが、自分にとって最も重要である母がいなくなることに、自分が無くなるのはどういうことかという問題が重なっていたとはいえるだろう。

また《Non vixit の夢》において、自分が他人より「生き延びる」ことが問題となっていた。そこでは「さまざまな関係性のなかでの自分という在り方」を深く見つめていくことがテーマとなっているが、自分に関係の深い重要な他者たちが、そもそもこの世に存在していなかった Non vixit となると、いったい自分という存在は何なのか？　重要な他者の存在の否定と関連して、自分自身の存在の根本の疑問、自分の死というテーマも重なっているといえるだろう。[6]

生き延びる屈辱

《Non vixit の夢》では、ソフィーの夫パネトを睨み殺して彼より生き延びたことがむしょうに嬉しく思えていることを記していたフロイトだが、単に生き延びれば嬉しいものでもないことを後に痛感することになる。

《Non vixit の夢》の二十数年後、娘ソフィーが亡くなった日に、フロイトはその夫へ宛てて、「人生も晩年となり死が近づいている老人にとって、若い花盛りの子どもより生き延びるという辛い屈辱は、あなたには縁遠いものでしょうし、理解できないにちがいありません」と書き送っている。娘ソフィーより自分が生き延び、フロイトは辛い屈辱を味わうことになった。この屈辱のなかで、ソフィーの夫パネトや父ヤコブより自分が生き延びていることの意味も、より痛感されたであろうし、さらに「自分の死」の問題も突きつめられていったことだろう。

悲哀の遊び

第七章で「悲哀の仕事」のことを考えた。その「仕事」には自分のコントロールできる範囲を大きく越えたところがあり、広く捉えて「遊び」の側面もあるかと思われる。悲哀の仕事 Trauerarbeit の arbeit（仕事）を spiel（遊び）と言い換えると Trauerspiel となるが、これは「悲劇」を意味する言葉となる。そこで本節では、広い意味での遊びの種々相、とりわけ「悲劇（悲哀の遊び）」とでもいえる側面を見ていきたい。

遊びの能動性と受動性

第六章で見た孫エルンストの「いない／いた遊び」についてフロイトは次のような考察もしている[1]。

> 子どもはこの場合、受け身であって、いわば体験に捉えられたのであるが、それを、体験が不快であるにもかかわらず遊びとして繰り返すことにより、能動的な役割に転じたのである。この努力を、思い出すこと自体が快または不快であるかとは別次元である支配欲動と見なすこともできよう。……
>
> 子どもたちは、生活の中で強い印象を与えたものを、すべて遊びの中で繰り返し、それによって印象の強さをしずめて、いわばその場面の支配者となることが見て取れる。

遊びにこのような能動的な側面があるという考え方は妥当だろう。しかし、「いない／いた遊び」は、完全に意識的な支配のもとでなされている行為とはいえまい。フロイトはいない／いた遊びを記した論文「快感原則の彼岸」で、「飼い慣らせずに ungebändigt、休みなく前へと突き進む」というゲーテの『ファウスト』中の悪魔メフィストフェレスの言葉を引用しているが、その遊びには、場を支配する側面と同時に、「飼い慣らせずに」体験に捉えられているという側面があるだろう。

「遊び」一般にしても、偶然や、賭けや、やってみないとわからないことなど、完全には飼い馴らせないものが関わっている。能動的な行為であると同時に、意識的な支配を越えた「飼い馴らせないもの」に捉えられているという側面の両方が表現されているところが「遊び」の遊びたる所以ともいえよう。[8]

ソフィーが治療を頼みに来ないか

意識的に関与する能動的な行為であると同時に「飼い馴らせないもの」が関わっていることに、遊びの本質があることを述べたが、これは自己分析や治療においても同様である。第II部で見てきたことを、広い意味での「遊び」の観点からいくつか拾い直してみたい。

《イルマの夢》の連想でフロイトはソフィーに関連し、「遊ぶ spielen」という語を用いて次のように述べている。

私は夢の中でイルマをその女性で代用したのだ。そういえば私は、その婦人が自分の症状を取り除いてもらいたいといって私に頼んでこないかという空想でしばしば遊んでいたことを、思い出した。

フロイトはソフィーをヒステリーなのではないかと疑い、彼女を治療したいと望んでおり、彼女が治療を頼みに来る空想をしばしばもてあそんでいたのだった（「治療を施したい」という欲求にとどまらず、背後に性的な欲求があるとフロイトが気づいたことも第II部で見た）。「空想」にもやはり、意識的な思いを越えたところがあり、「遊び」の側面をもつといえるだろう。

ブルータスを演じる

《Non vixit の夢》の解釈では、フロイトが幼児期にヨハネやパウリーネと遊んだ思い出が大きな意味をもっていた（仲良く戯れただけでなく、喧嘩したり言いつけ合ったりも含めて）。その解釈のなかで彼は、十四歳のときに、イギリスに渡っていたヨハネがウィーンへ旅行で来て、子どもたちの観客を前に、自分がブルータスを、ヨハネがユリウス・カエサルを演じたことを思い出している（ドイツ語では「演ずる」も「遊ぶ」も同じ spielen）。まずは彼らが演じた場面（シラー作『群盗』の一節で、ブルータスと、彼に殺された後のカエサルの亡霊との対話）を見てみよう。[9]

ブルータス（フロイト）　おお、なんじ二十三の深手に倒れし者よ、死魂滅せず、ここに姿をあらわすか？　よろばい帰れ、死の国の幽谷へ、おおけなくローマのために泣くをやめよ！——傲るをやめよ！……

ユリウス・カエサル（ヨハネ）　おお、吾、ブルータスの白刃一閃に死せむとは！　なんじもまたか――ブルータス――なんじも？　子よ――吾は、なんじの父なりき――子よ――世界をなんじは継ぐべかりしに。行け――なんじがローマの覇者となりしは、父の胸を短剣をもて貫きたればなり。……

ブルータス（フロイト）　父よ、待て！――あまねく日輪の照る下に、われただ一人のカエサルに比すべき者を知る、そを、なんじ、子と名づけたり。さあれ、カエサルはローマを滅ぼす者なり、ただブルータスの起つあって、カエサル倒る。ブルータス生きなば、カエサル死なむ。なんじ、左へ去れ、われは、右へ行かむ。

興味深いことに、このブルータスによるカエサルの殺害は、父殺しの話になっている（ブルータスは、カエサルが目をかけた婦人の息子であり、実際にカエサルの息子であるという噂が伝わっており、シラーはそれを踏まえて父息子という関係に設定している。カエサルは独裁者であり、暗殺される危険が常にあるということはわかっていたであろうが、自分を暗殺にきたグループの中心に、息子であるブルータスがいた。有名な「ブルータス、お前もか」は、その驚きの言葉である）。

フロイトは解釈で、「私は夢の中でブルータスを演じている」と述べている。さらには、単に夢の中だけでなく実生活においても、幼児期の遊び友だちとの人間関係の種々相が（両親との関係の種々相も）絡んだ「私の台本」というようなものが演じられている（遊んでしまっている）というふうにまざまざと見えてきたことが記述されていた。

また、夢の中での自分や過去の自分において「……を演じていた」という気づきにとどまらず、現時点での自分のあり方や周りの人との関係まで巻き込んで「思わず知らず、演じて（遊んで）しまっている」という（転移とよばれる）側面が、フロイトの最も苦悩したところであり、その苦渋が文体の迫力となって現われている（spielen には奏でる・演奏するという意味もある。「ヨハネとユリウスのメロディー」とでもよべそうなこの音楽がどのように奏でられていたかに関しては、部外第一篇で触れることにしよう）。

転移、それは十字架

転移の問題をフロイトは次のように表現している（一九一〇年五月六日、プフィスター宛の手紙）。

転移に関して言えば、それは十字架です。病気における独自の意思をもつ飼い馴らせないもの（そのために私たちは間接的な暗示や直接的な催眠をやめたのですが）、それは精神分析によっても完全に片づけることはできず、ただ制限できるだけです。その残りが転移として現われます。

「現時点で知らず知らず演じて（遊んで）しまっている」という転移の問題の根元には、「独自の意思をもつ飼い馴らせないもの」がはたらいており、それとの取り組みは、「十字架を負う」とでもいうしかないような過程である。フロイトが自己分析で「私の十字架」と表現したものにも、自分に内在しているというより、関わりのなかでどうしても現われてしまう側面が入っているであろう。思い出す際にそのつど「飼い馴らせないもの」がどうしても混ざってきてしまうのは、自己分析でも治療においても難しい点であり、「十字架」として生涯背負いつづけるほかない問題だと思われる。

デモーニッシュな動因

『夢判断』にはパネトやブロイアーをはじめ、ヨセフという名の人物が重要な意味をもって登場するが、フロイト自身そのことに気づき、《Non vixit の夢》の註に記している。[10]

読者は、ヨセフという名前が私のいくつかの夢の中で大きな役割を演じている spielen ことに気づいたであろう。ヨセフという人物の背後に私の自我は、夢の中でたやすく身を隠すことができる。なぜならヨセフは聖書の中で有名な夢解釈者 Traumdeuter だからである。

聖書のヨセフは、族長ヤコブの二番目の妻の最初の子で、夢判断によってエジプトの首相の地位にまで昇り、ファラオから国の統治を任された(フロイトも、父ヤコブの二番目あるいは三番目の妻の最初の子で、特別にかわいがられた)。フロイトは晩年、ある手紙で次のように書いている(トーマス・マン宛、一九三六年十一月二十九日)。[11]

ヨセフの生涯が神話的な模範となり、そのためヨセフ・ファンタジーが、その複雑な生涯の背後に秘められたデモーニッシュな動因 dämonische Moter となっていると推測される歴史上の人物はいるだろうか?

同じ手紙で彼は「ヨセフ同一化 Josefs-Identifizierung」という表現もしている。そこではほとんどフロイト自身のことをいっていると思われるのだが、自身は「私はナポレオン一世こそ、その人であると考えます」と続けている。ナポレオンは多くの兄弟のうちの次男で、長男の名がヨセフであったことに、フロイトは決定的な意味を（かなり強引に）読み取っている。

兄ヨセフは自然に競争相手になり、この兄に対して弟は根源的な底知れない深い敵意をぶつけ、この敵意は後に、兄が死ねばいいという願望、殺してしまおうという意図がぴったりとしたものとなります。ヨセフを追放して、その位置に座り、自らがヨセフとなること、これが幼児ナポレオンの最も強い感情的な衝動であったにちがいありません。

この「ヨセフ同一化」は、フロイトにおいても強力な感情的な衝動だったにちがいない。そして『夢判断』を執筆する動機自体にも、夢判断の力量を発揮してエジプトの統治者になった聖書のヨセフのようになりたいという願望がはたらいていたであろう（《イルマの夢》解釈のある第二章のはじめのほうで、聖書のヨセフの夢判断が紹介されている。またフリースへの手紙のなかでも『夢判断』を「エジプトの夢の本」とよんでいる）。

たとえば、ヨセフという人物の妻の名をとって、娘をソフィー（あるいはマティルデ）と名づける、という行為ひとつをとっても、それは意識的な行為であると同時に、そこには第II部を通して見てきた自己分析を通して発見されたさまざまな（幼児期から継続した）願望がはたらいているし、ここで述べたデモーニッシュな動因「ヨセフ・ファンタジー」も同時に重なってははたらいているであろう。またそれを時間的経過の観点でいえば、（おそらくは幼少期から始まり）ファミリーロマンスを構想した頃のヨセフ・パネトやソフィーとの交友、さらには娘ソフィーおよびその夫や子との関係をも貫いて常に底流しているものといえるだろう。
　このように「ヨセフのようになりたい」という憧れが最初にあるにもかかわらず、「ヨセフを追放して、その位置に座り、自らがヨセフとなる」という対抗心、睨み殺したいくらいの気持ちも同時に貫いているところが、デモーニッシュたる所以であり、それが、苦痛に彩られた展開をもたらすことになるのだろう。

より高い力による遊び

　娘が死んだ日の、ソフィーの夫へ宛てた手紙から再び引用する。

　私たちのソフィーが奪われたことは、運命のくだした無意味で残忍な仕業です。こういう時に人は悲嘆にくれたり思い悩んだりしてもはじまりません。人より高い力に遊ばれている、救いのない、あわれな人間として、その仕打ちのもとで、首を垂れている beugen よりほかありません。

　フロイトはここで、「より高い力が、救いのない、あわれな人間で遊んでいる höhere Gewalten spielen」と表現している。[12] 私たちがここまで見てきたすべての遊びを貫いて、「より高い力が遊んでいる」というのであろうか。その力の前に私たちは、なすすべもなく「首を垂れている」よりほかないのだろうか？
　ところで Trauerspiel（悲哀の遊び）という言葉は『夢判断』のなかで、人類史上最大の悲劇の一つ『オイディプス王』の話を紹介する箇所で用いられている。これは、主人公オイディプス王が、実父を殺し実母と結婚していたという事の真相を探り当て、「ダイモーンよ、お前は俺をどこへつれていくのだ」という悲痛な叫びのなか、自分の目を刺しつぶす話である。《イルマの夢》を見た日、フロイトは「ダイモーンよ」と呼びかけていたが、その後、自己探求を経ていくなかでいつしか「ダイモーンよ、お前は俺をどこへつれていくのだ」という叫びになっていったのではないだろうか（「エディプス・コンプレックス」という一句は、この叫びへと至る悲劇の表題であり、そこには、事の真相を探り当ててしまったオイディプス王の目から噴き出る血と涙に相応するものがあろう）。

魔女のメタサイコロジー

以上述べてきた三つの節で私たちは、フロイトのいう「デモーニッシュなるものへの畏敬の念」がどのようなものであるか（「闘い」と同義であること、「ダイモーンによる遊び」かもしれないことなど）を見てきた。

フロイトは転移に関して触れた論文で次のように述べている。[13]

人間の胸の中で、完全には飼い馴らされずにひそんでいる、最も悪いダイモーン bösesten Dämonen と闘うために、それを呼び覚ます私のような人間は、このダイモーンとの闘いで、傷つかずにはすまないことを覚悟せねばならない。

転移を十字架と述べた手紙でも「独自の意思をもつ飼い馴らせないもの」という表現がされていたが、独自の意思をもって動いているものといかに関わってゆくか、闘ってゆくか、畏敬の念をもって対していき得るかが、自己分析においても治療においてもフロイトの生涯の課題であった。そして、そのテーマは私たちにも突きつけられている。

精神分析の根幹

フロイトは「欲動 Trieb」（デモーニッシュなるもの、飼い馴らせないものの学術用語）と生涯にわたって取り組みつづける。最晩年（亡くなる二年前）には、神経症の根本そして治療の目標を「自我と欲動の葛藤、あるいは自我への病的な欲動欲求を解決すること」と述べ、それを説明して次のように述べている。[14] 精神分析の根幹として重要な文章なので、じっくり読んでみることにしよう。

自我と欲動の葛藤、あるいは自我への病的な欲動欲求を、分析治療によって、永続的かつ究極的に解決することが可能であろうか？　ここで誤解を避けるために、「欲動欲求の永続的解決」という言葉で何を言おうとしているかをさらに説明することも不必要ではないだろう。これは、欲動欲求を消滅させ、再びそれを耳にすることがなくなる、ということではない。それはそもそも不可能であるし、望ましいことでもないであろう。それはむしろ、欲動を「飼い馴らすこと Bändigung」と名づけることができる。欲動が完全に自我のハーモニーの中に組み入れられ、自我における努力のあらゆる影響を及ぼせるようになり、もはや欲動が満足を求めて勝手な道を行かなくなるということである。

さらに続く。

どのような道で、そしてどのような方策で、それが可能となるのか、ときかれたら、それに答えることは容易ではない。こうつぶやかねばなるまい。

「するとやはり魔女の厄介になるですな」

すなわち、魔女のメタサイコロジー。メタサイコロジー的な思弁と理論化——ほとんど空想することと言えるだろう——なしには、ここから先へは進めない。残念ながらここでも、魔女の教えは、はっきり筋道立ったものでないし、わかりやすいものでもない。

「するとやはり……ですな」は、フロイトが最も頻繁に引用する人物(悪魔)メフィストフェレスの言葉(森鷗外訳)である。「自我と欲動の葛藤の解決」と学術的に表現したあとですぐにフロイトは「どのようにしてそれが可能か?」と自問し、そして「魔女の厄介になるですな」と自答している。

ともすると私たちは、足元に潜んでいるギャップが盲点となったまま、「自我が欲動を支配することが大事」という文章で説明されたように思ったり、自分がそれを実践できているような気になって自己満足にとどまったりしがちである。その停滞を突き破るものが、フロイトに対してはたらきつづけたのであろう。彼の書いたものすべての行間から、デモーニッシュなるものへの畏敬の念、あるいは「ダイモーンよ」の叫びが、尽きせずあふれ出ている。

十字架を背負いつづけて

同じ論文でフロイトは、欲動のはたらきを研究することが心理学で最もやりがいのある課題であることを述べたあとで、次のように記している。[15]

私たちの努力は、欲動の威力の前に挫折しているように見える。さしあたり私たちは、その圧倒的な威力の前に身を屈している beugen。

「さしあたり」とはいうが、これは亡くなる二年前の論文なのだから、実質上、生涯にわたって身を屈したといえるだろう。晩年の著作に、夢、偶然、テレパシー、そして思考の転移などを扱った箇所があるが、それを論ずる自分の態度について彼は次のように述べている。[16]

人が、事実との苦しい衝突を避けるために、生涯を身をかがめたままできたのならば、その人は年をとったら腰が曲がってしまっており、新しい事実の前に身をかがめていることになります。……私はみなさんに、思考の転移、及びテレパシーの客観的可能性に関して、もっと好意的に考えていただくよう勧めざるを得ません。

人は、齢を重ねて経験を積んだり、あるいは心理学の類を学んだりしてくると、何でもわかったような気になることもあろう。テレパシーの可能性は科学的に否定されているなどと言って、自分の態度が科学的だと思ったりすることもありがちである。しかしフロイトの態度はそれと異なる。自分にやって来つづける新しい事実（人間関係や出来事、また夢や思いなども含めて）に対して、「身をかがめたまま」という姿勢で接していくことがフロイトの生涯を貫く特徴であろう。

彼は、『夢判断』出版四ヵ月半後の「私の十字架」とある手紙で、「それを担う過程で、私の背中がはっきりと曲がってきた」と述べていたが、自分の十字架を背負いつづけるなかで否応なくそうした姿勢になっていき、さらにはその後の体験を経てますます鍛え上げられていったのかもしれない。その過程の一端を本書を通して見てきたわけであるが、私たちが各々の十字架を背負って歩んでゆくうえで、なにかしら意味をもつものとなっていることを願っている。

終　章　終りのない悲しみ

序章では「夫を失い、泣き暮らしているソフィー」を綴るフロイトが登場し、そこに潜んでいる秘密が《イルマの夢》以降いかに顕現・展開してゆくかという観点から、本書は構成されてきた。そして、イルマなる人物に多くの人間やイメージが重なり合っていることや、「あなただけのせい」という一文にも多彩な意味合いが輻輳していること、また、それらの意味（あるいはそこに潜んでいる秘密）はそれを受け取る私たち各自のあり方にまで問題を投げかけるものであることを、この本を通して見てきた。

この終章では、（最期の言葉を含む）フロイトのふたつの言葉を紹介し、私たちへのさらなる問いかけをもってとじることにしたい。

娘はここだよ

フロイトは「遅ればせの涙」という表現をしているが、ソフィーは、亡くなった夫の写真を前に、繰り返し涙したことだろう。フロイトが目を泣きはらしたソフィーに出くわしたのは夫が亡くなって三年後（一八九三年）の命日とあるから、次の出来事はそれから四十年後のことである（フロイトから分析を受けたH・Dという女性による一九三三年三月四日の記録）。

ある日H・Dが、かつて流行病にかかりあやうく死にかけたことを語ったとき、フロイトは次のような行動をとった。

彼〔フロイト〕は自分の愛娘を失ったのであの流行病を覚えているのは当然だ、と言った。「娘はここだよ」と彼は言って、懐中時計の鎖につけた小さなロケットを見せてくれた。

フロイトは娘ソフィーの写真[1]を入れたロケット付きの時計を懐に忍ばせて治療場面に臨んでいたのだ。時計[2]を見るたびに、娘ソフィーの写真が目に入ったはずである。おそらくフロイトにも、多くの「遅ればせの涙」があったことと思われる。

「娘はここだよ」とフロイトは言っているが、彼女はいったいどこにいるのだろう？　そして、私たちはいったいどこへ行くのだろう？

最期のことば

ところで、《イルマの夢》の時点で妻マルタの胎内にいて、イルマの実名をとって名づけられた娘アンナは、フロイトの跡を継いで精神分析家となった。そして生涯、嫁がず、子どもをもたず、晩年の父の世話をした。[3]
フロイトの最期の言葉は、主治医のマックス・シュールが受けた。

ありがとう。……これをアンナに伝えて下さい。　Ich danke Ihnen. ... Sagen Sie es der Anna.

この一言には、いったいどれだけの思いが秘められていることだろう（なぜ「妻のマルタにも伝えて……」と言わなかっただろう）？
一九三九年九月二十三日、フロイトは八十三歳で亡くなった。

「秘密が現われた」記念碑が現われた

本書の扉裏にもある碑文「一八九五年七月二十四日、この場所にて、ジークムント・フロイト博士に夢の秘密が現われた」が掲げられることを夢見ていたフロイトだが、その悲願は《イルマの夢》の八十二年後に実現している。一九七七年五月六日（フロイトの死後、三十八回目の誕生日）、八十一歳となった娘アンナ立会いのもと、故人の手紙の筆跡がそのまま刻まれた記念碑の除幕式が執り行なわれた（《イルマの夢》の夜、この世に生まれ出る日を待ちながらマルタの胎内でもごもごしていたアンナは、その記念日に――五年後にあの世にいくことになる日をひかえ――なにを想ったであろうか？）。

フロイトが当時滞在していたベルヴュー館は、いまはない。
なにもない草地の端のほうに、その記念碑がひっそり佇んでいる。

部外　こころの秘密《三つの小篇》

本書ではフロイトに起こった出来事や彼の考えなどを中心に記述してきた。ひょっとすると、フロイトは百年前のヨーロッパに生きたユダヤ人であり、現代の日本人からは遠いと感じられるかもしれないが、ここまで扱ってきた問題自体は必ずしも特殊なことではなく、私たちが身近に関係しており、二十一世紀を生きていく現代の日本人にとっても大きく意味をもつものと思われる。

そこでこの巻末補遺では、モーツァルトの音楽、漱石の小説など、日本人によく親しまれている題材を取り上げ、本論との関連で見ていきたい。本論で述べたことと照らし合わせることによって、問題をより身近に、より深く、探求してゆくための参考になればと願っている。

まず第一篇は〝こころのハーモニー〟と題して、フロイトの文体（特に『夢判断』）と、モーツァルトのオペラ「ドン・ジョヴァンニ」とで共鳴すると感じられるところを綴りたい。

次に第二篇では、〝結核性の恐ろしいもの〟と題して夏目漱石の小説を取り上げ、本論と関連するところを記したい。本書のヒロインのソフィーやアンナ（仮名イルマ）を未亡人にしたのは結核という恐ろしいものであり、また彼女らに接しているフロイトをも巻き込み、結核性の恐ろしいものとでもよび得るものがいかに発現・展開していったかを見てきた。実は「結核性の恐ろしいもの」は漱石の『門』に出てくる表現なのだが、そのテーマと漱石がいかに取り組んだかを見ていきたい。

そして第三篇は〝奇怪な三角関係〟と題して、ここまで見てきたテーマが具体的に起こった実例とも見なし得ることとして、小林秀雄が若い頃、実際に体験したこと（彼はそれを後に「奇怪な三角関係」とよぶ）を取り上げたい。そして本論と関連するところで、小林がどのような問題意識をもって取り組んだか、そしてまた彼が『夢判断』をいかに「愛読」したかなどを見てみたい。

第一篇　こころのハーモニー——ドン・ジョヴァンニを聴きながら

二〇〇〇年十月、私は本書の執筆のためウィーンでホームステイしていたが、そのお宅はフォルクスオーパーのすぐ近くだった。そのときちょうどドン・ジョヴァンニを公演しており、初めて観に行った私はいたく感激した（結局四回も観てしまった）。『夢判断』に毎日接していた頃であったが、ドン・ジョヴァンニを聴いているときの感じと『夢判断』を読んでいるときの体験に、共通するものを感じた（いまだ上手く言葉にできるものではなかったが）。なぜかしら、ドン・ジョヴァンニを聴きながら読むと、『夢判断』が以前よりずっとよくわかるような気がしたのである（もっとも、何がわかったかは不明なのだが）。

十一月に帰国してからも、ドン・ジョヴァンニの録音やビデオや関連書物に接したことで、さらに親しみ、知識もだんだん増えてきたのだが、しかし同時に、『夢判断』と同様、いったい自分がどこにどう感激しているのか、繰り返し接しても少しも感激が減らないのはどういうことか、という謎も深まるばかりであった。そこで、その「よくわからない何か」をできるだけはっきりさせたいと思い、二〇〇一年五‐六月に再びウィーンとプラハに渡り、またもやドン・ジョヴァンニに浸った（今度は計五回）。そして、『夢判断』もドン・ジョヴァンニもともに、自分にはよく把握できていないすさまじい作品であるが、わからないなりに共鳴する何かがある、と確信するにいたった。

というわけで私には、ドン・ジョヴァンニと出会えたおかげで『夢判断』の魅力の秘密が別の方向から照らされたように感じられるので、この二つの作品で共鳴するものを探索しつつ、『夢判断』や本論をより深く味わっていただくために参考になるだろうところを綴っていきたいと思う（実は本書の相当部分が文字通り「ドン・ジョヴァンニを聴きながら」執筆されている。読者の皆様にもドン・ジョヴァンニを聴きながら『夢判断』や本書を読んで頂くことをお勧めしたいのだが……）。

ちなみにフロイトは、ドン・ジョヴァンニがお気に入りで、ときおり手紙や会話でそれに触れている。「ヒステリーの構造」「無意識の抑圧」など数項目にわたる理論的考察を同封したフリースへの手紙（一八九七年五月二十五日）は、「『すべての美女のリスト……』を送ります」という書き出しで始まっている。このくだりは他でもなくドン・ジョヴァンニの有名な「カタログの歌」を踏まえており、この表現によれば、フロイトの論考も、「美女のリスト」、すなわちフロイト流「カタログの歌」ということになろう（もちろん、自分が関係した女性の数や特徴を歌い上げたものではないが）。

ドン・ジョヴァンニとは何者か

あらかじめ、モーツァルトの作曲したオペラ、ドン・ジョヴァンニの粗筋を紹介しておきたい。

まず表題だが、スペイン語でドン・ファンと言えば「あの女たらし」とすぐわかるが、イタリア語で書かれたオペラなのでドン・ジョヴァンニとなっている（ちなみに「ドン」は男性の敬称。そこで以下、オペラ全体を指すときにはドン・ジョヴァンニ、主人公を指すときには単にジョヴァンニと記す）。

話は、ジョヴァンニがアンナの部屋へ忍び込んでいる場面から始まる。はじめアンナは婚約者かと思うが、違う男だとわかり叫び声をあげる（ジョヴァンニとアンナが性関係をもったかどうかは微妙なところであり、争点となっている）。アンナの父親（騎士長）が駆けつけ、騎士としてジョヴァンニに決闘を申し入れるが、その決闘でアンナの父親は死ぬ。そこで、従者レポレッロとジョヴァンニの会話。[2]

レポレッロ　「よかったですな。気持ちのいいお仕事をふたっつも！　娘は手込め、親父は殺し。」
ジョヴァンニ　「あいつがそれを望んだのだ。あいつが悪いのだ。」
レポレッロ　「でも、ドンナ・アンナ様もそうしたがったんで？」
ジョヴァンニ　「黙れ、わしを困らすんじやない。」……

終始このような次第で、女たらしのジョヴァンニは女たらしを続け、女からも男からも恨まれ、捨てた女（エルヴィーラ）から「生き方を改める」よう懇願されても屁とも思わないし、殺した相手（アンナの父親）が石像となって改悛を迫りに来ても断固として改めず、結局、彼は「何という地獄だ、何という恐怖だ！　あぁ！」と叫びながら地獄に落ちてゆく。最後は他の登場人物全員が、「あんなろくでもない生き方をした奴は、ろくでもない死に方をする（死んでも地獄で苦しむ）のが当然だ」というように歌う。

と、こういったストーリーなのである。くだらない話だと思われるかもしれないが、それが不思議と、モーツァルトの音楽と一体になるや、ジョヴァンニ個人が素晴らしさ（ろくでもなさ）を発揮するだけでなく、他の登場人物全員も、どうしようもない主人公と懸命に関わらざるを得ないなかで各自の個性が自ずと発揮されて輝いてゆく。そしてこれを観る者には、彼ら全員の生き様がまざまざと目にうつり、しみじみと耳に響いてきて、実に切々とした思いや味わいが伝わってくるのである。

ファウスト的なもの ―― 夢判断とドン・ジョヴァンニの共鳴

先に『夢判断』の文体とドン・ジョヴァンニの音楽とのあいだで共鳴するものを感じると述べたが、それはいったい何なのだろう。

デモーニッシュなるもの

第三章（四二頁）で引用した手紙（ヨセフ・ブロイアーがアンナ－Oの想像妊娠に驚き逃げ出したことを述べたもの）でフロイトは、ブロイアーが「ファウスト的なもの Faustisches」をなにも持ち合わせておらず、せっかく手にした「母たちの国」への鍵を手放してしまったことを述べていた。これは逆にいえば、フロイト自身は「ファウスト的なもの」を豊かに持ち合わせていたということであろう。「母たちの国」というのも『ファウスト』第二部の重要な主題であるが、そのフロイト自身の喩えを使えば、フロイトはその鍵を手放さず、母たちの国への道を切り拓いていったことが、精神分析の出発点といえる。この「ファウスト的なもの」は、より一般的な表現で言い換えれば、ゲーテもフロイトも共に繰り返し用いる言葉「デモーニッシュなるもの」となるだろう（言い換えても、よくわからないのは同じだが）。

私のハーモニーを突き破って

フロイトは、大事なところで、繰り返し、『ファウスト』から引用する（特に悪魔メフィストフェレスの言葉）。たとえば第九章の引用（一八四－一八五頁）では、精神分析の目標を一言で、「欲動（飼い馴らせないもの）を『私』のハーモニーに組み入れること」と表現し、いかにしてそれが可能かと自問し、「するとやはり魔女の厄介になるですな」とメフィストフェレスの言葉をそのままもってきていた。「こころ全体が奏でるハーモニー」は、「『私』が鳴らそうとするハーモニー」をはるか越えて鳴り響いているのだろう。フロイトの文体の特徴は、「『私』のハーモニー」を突き破って、「ファウスト的なもの（デモーニッシュなるもの）」が、（その一見破綻したように思える）文章の行間から鳴り響いているところにあると思われる。[3]

モーツァルトが「ファウスト」を作曲したら

ゲーテ自身、生涯すべてのエネルギーを注ぎ込んだ作品『ファウスト』が音楽化される夢・希望を抱いていた（しかし残念ながら、モーツァルトはすでにこの世にはいなかった）。ゲーテは次のように語っている〔『ゲーテとの対話』〕。

〔『ファウスト』が作曲されるとしたらその音楽は〕**ドン・ジョヴァンニのような性格をもたねばならぬ。そこにはところどころ、不快なもの、厭なもの、恐ろしいもの** Das Abstoßende, Widerwärtige, Furchtbare **が含まれており、それは時代にそむくものだ。モーツァルトなら『ファウスト』を作曲できただろうが、**……

（いまさら有り得ないことではあるが）『夢判断』がもし音楽化されるとしたら、それは『ファウスト』同様に、ドン・ジョヴァンニのような性格をもたねばなるまい。ドン・ジョヴァンニを聴きながら感じるもの、あるいは『夢判断』や『ファウスト』を読みながら感じるものには、確かに、「不快なもの、厭なもの、恐ろしいもの」がそうとうに含まれている。だがそれは同時に不可思議な魅力そのものである。これらの作品に共通している「不快なもの、厭なもの、恐ろしいもの」は、どの時代にもそむくものであろう。しかし同時に、時代を越えて永遠の輝きをはなっているように思える。[4]

生命の息吹につらぬかれて

ゲーテはまた、ドン・ジョヴァンニの音楽に関して次のように言っている。

モーツァルトがドン・ジョヴァンニを作曲した、などとどうして言えようか！　作曲する——まるで卵と小麦粉と砂糖をこねあわせてつくる一片のケーキかビスケットででもあるかのようだ！　——それは、部分も全体もひとつの精神から一気に注ぎだされ、ひとつの生命の息吹につらぬかれた精神的な創造なのであって、製作者はけっして、試みをおこなったり、継ぎはぎをしたり、恣意的な処置をほどこしたりはしていない。彼の天才のデモーニッシュな精神が彼を支配し、彼はこの精神の命ずることを遂行するよりほかなかったのだ。

これは『夢判断』にもそのままあてはまるように思う。たしかにフロイトは「夢解釈」の方法として、夢を各部分に分解するという手続を踏むが、そこでの連想・解釈・執筆などすべてが、「ひとつの精神から一気に注ぎだされ、ひとつの生命の息吹につらぬかれた精神的な創造」である。「恣意的な処置」を施したものではなく、「デモーニッシュな精神が彼を支配し、彼はこの精神の命ずることを遂行するよりほかなかったのだ」ということも、『夢判断』にそのままあてはまると思われる。もちろんモーツァルトも、フロイトも、ゲーテも、受けた教育や本人の努力によって磨き上げられたものがあることはもちろんだが、それに加えて、デモーニッシュな精神が彼らに強力にはたらきかけたことも確かであろう。[5]

この曲はよく知っているぞ —— こころがいかに鳴り響くか

『ファウスト』は劇として演じられるもの Spiel であるし、ドン・ジョヴァンニもオペラとして演奏され、歌われ、演ぜられるもの Spiel である。また第九章では『夢判断』においても、「自ずと現時点で演じて（転移して）しまっていること」や「より高い力による遊び」など、Spiel が重大な問題となっていることを見た。そこで本節では、「演奏する・歌う」という意味での Spiel に焦点をあてて見ていきたい。

これはモーツァルトの……

『夢判断』で夢やこころを説明するのにフロイトは、ドン・ジョヴァンニを引いている。[6]

ずっと前から出来上がっている空想の全体が、睡眠中に夢見られる必要はなく、いわば「ちょっと触れ」れば、それで十分なのである。つまり、次のようなことである。二、三拍子メロディーが流れ、ドン・ジョヴァンニの中でのように誰かがそれに対して、「ああ、これはモーツァルトの『フィガロの結婚』だ」と言うと、私に中にその思い出が一挙に波打ってくるのである（次の瞬間にそれらの思い出の個々の部分が意識にまで高まってくるわけではないのであるが）。

ドン・ジョヴァンニは、フィガロの結婚の翌年に初演されたオペラであるが、そのなかでモーツァルトは、フィガロのなかの有名なアリア「もう飛べないだろう、恋の蝶々」のメロディーを用いている。最後の地獄落ちへといたる宴会の席で楽士たちがそのメロディーを演奏し、それに合わせてレポレッロが、「この曲はよく知っているぞ」と歌う場面。フロイトが挙げたのはこれである。

こころのメロディーを奏でながら

この喩えを受けて、こころを音楽になぞらえて考えてみよう。フロイトがこの引用で言っているように、実に多彩なものが、私たちのこころの底では鳴り響いているのであろう。その鳴り響いているものの一端を捉えたものが、たとえば「夢」である。そこでは、意識されないところまで含めて、多くのメロディーが波打っている。

モーツァルトは、有名な手紙で、「構想は、宛も奔流の様に、実に鮮やかに心のなかに姿を現わし、……私は心のうちで、一目でそれを見渡します。後になれば、無論次々に順を追うて現われるものですが、想像の中では、そういう具合には現われず、まるで凡てのものが皆一緒になって聞えるのです」と述べている。モーツァルトの直接の体験としては、「皆一緒になって聞え」、「一目でそれを見渡し」ているわけであるが、それを人に伝える際には、音符その他の記号を用いて順次、楽譜に記していくわけである。

私たちが「楽譜を読む」という場合、学者が分析的に読む場合もあろうが、通常は、「Spiel すること」、すなわち楽器を演奏したり、歌ったり、あるいはこころのなかでメロディーを奏でることを指す。こうして私たちも Spiel するなかで、あるいは Spiel されたものを聴くなかで、モーツァルトと体験を共にしていくことができるのである（もちろん、こころを打つ素晴らしい演奏や歌から、聴くに堪えない演奏、自分だけは気持ちよく歌っているが聴いている人にはいたたまれない思いをさせるカラオケなどまで、幅はあるが）。

ここに述べたことは、フロイトの行なった夢の分析・解釈などにも共通しよう。フロイトの夢分析は、こころの底で鳴り響いているものの一端を捉えたものである「夢」を、単に楽譜の分析のようなことをするのでなく、鳴り響いているままにSpielし（奏で）てゆくことともいえる。

奏でるその時点で知らず知らず新たに鳴り響いているものがあるところも重要だ。過去の時点で鳴り響いていたものの楽譜を分析する、というような仕方にとどまらず、その時点でいかに奏でられていくかというところに、自己分析や治療における重要なポイントがある。意識的なもの、いわゆる無意識的なもの、さらにはデモーニッシュなるものが、ところどころ「不快なもの、厭なもの、恐ろしいもの」を含む見事なハーモニーを奏でているところに『夢判断』のすさまじさがある。

そしてここに、「読む」私たち各自のその都度の態度が関わることになる。記された言葉はいわば楽譜のようなものであるが、そこには譜読みのような分析だけでは届かないもの、自分のこころが鳴り響いていくように読んでいかないと聞えてこないものがある。『夢判断』のような著作と接する場合、いかにこころのメロディーを奏でながら読むか、ということが大事になる所以であろう。

ヨハネとユリウスのメロディー

第五章で見たように、《Non vixit の夢》において「ヨハネのインカーネーション」という解釈は、三度も繰り返されるほど重要なものであった（その一つでは、「ヨハネ」のことを、「『昔我が濁れる目に夙く浮びしことある』この最初の姿」と、『ファウスト』の冒頭の語で言い換えていた）。またその前年のフリースへの手紙では、「ヨハネとユリウス（生後半年で亡くなった弟）が私の神経症的なものだけでなく、すべての友人関係の強さをも規定している」と述べていた。

この言葉を重大なテーマとして本書で見てきたが、ここではそれを本章でのテーマに即して考えてみよう。これらフロイトの強烈な表現は、「輪廻」や「原因」ということでなく、ヨハネやユリウスとのことが、そのライトモチーフあるいは潜在的に鳴り響いているメロディーラインのようなものであることを示唆している。つまり「ヨハネとユリウスが……を規定している」という文章は、「ヨハネとユリウスのメロディーとでもよび得るものが、これまでの人生を通して鳴り響いてきた、そして今も鳴り響いている」と言い換えることができると思う。

ここで「ヨハネとユリウスのメロディー」は表題のようなもので、ヨハネとの間での「あいつがぶったから僕もぶったんだ」「お前なんかともう遊ばないよ」などのやりとりが台本に相当する。いかなる台本やメロディーが過去の人生で奏でられていたのか、それをいかに新たに奏でていったのか、ということが本書第II部を通して見てきたことでもある。

この「ヨハネとユリウスのメロディー」には実に多くのものが重なり合わさっているが、そのひとつとして、フロイトが十四歳のときに演じた、シラー作『群盗』での劇中劇の箇所も含まれているであろう（第九章で引用したが、フロイトがブルータスを演じ、ヨハネは、ブルータスに殺された父ユリウス・カエサルを演じていた）。つまりユリウスのメロディーに、「自分が死ねと望んだから、弟ユリウスは死んでしまったのか？」だけでなく、「父ユリウス・カエサルを愛するのだが、殺さざるを得なかった……」のメロディーも響き合っているといえる。

悲劇あるいは悲哀の遊び

シラーは、ゲーテへ宛てた手紙（一七九七年十二月二十九日）で、オペラは「パトスにおける自由な遊び Spiel」であり、そのオペラから悲劇 Trauerspiel が高貴な姿で離脱する希望をもっていると書いたが、それに対してゲーテは次のように応えている（十二月三十日）。

あなたがオペラに関して抱いている希望は、ドン・ジョヴァンニにおいて、高度に成就していることをご覧になるでしょう。しかし、そのためこのオペラは完全に孤立しています。そしてモーツァルトの死によって、似たようなものが現われる希望は完全に絶たれました。

たしかにドン・ジョヴァンニは、他のあらゆるオペラから突出した、すさまじくも素晴らしい「悲劇 Trauerspiel」である（たとえばキルケゴールも、「ドン・ジョヴァンニと他のすべてのオペラには質的な相違がある」と述べている）。同様に『夢判断』も、他のすべての心理学の文献から孤立し、高貴かどうかは別としても、すさまじい姿で Trauerspiel（悲哀の遊び）が成就していると私には感じられる。

「ヨハネとユリウスのメロディー」に最もよく共鳴する音楽は、やはりドン・ジョヴァンニであろう（ちなみに「ヨハネ」は、イタリア語で「ジョヴァンニ」となる）。さて、そこで次に、フロイトが失神発作を起こした体験を二つ取り上げ、そこで鳴り響いたものを、ドン・ジョヴァンニを聴きながら探求していきたい。

悔い改めよ、極悪人め！――一八九六年の発作

ウィーンのブルクガルテンにはモーツァルト像がたっており、その台座に、ドン・ジョヴァンニの地獄落ちの場面が刻まれている。この像を作ったのはウィーンの彫刻家ティルグナーであり、その除幕式は、一八九六年四月二十一日。その六日前の午後、ティルグナーは台座に刻む文字をドン・ジョヴァンニの地獄落ちの場面から選び、その指図をした。――そしてその晩、彼は心臓発作を起こし死

んだ。完成した像を見ることなく。[7]

新聞にはその死亡記事とともに、ティルグナーの伝記的資料や、地獄落ちの場面を刻むことを指図したことなどが載った。——それを読んだフロイトは発作を起こした。その日のフリースへの手紙で彼は、「死の不安からの発作[8] Anfälle von Todesangst」と表現し、ティルグナーの死を知ったことが影響していることを述べている。その発作のなかで、なにが鳴り響いたのだろうか？　ある意味では、この問いに対するフロイト自身の探索が、自己分析となっているともいえる（発作の時期は、フロイトの父親が亡くなることになる半年前、娘アンナの父親となった五ヵ月後）。

そこで鳴り響いたのは地獄落ちの音楽に類するものだったとも想像される。その場面を紹介しよう。ジョヴァンニは、自分が殺し既に石像となっている騎士長（アンナの父）を晩餐に招待する。ジョヴァンニが晩餐を楽しんでいると、騎士長の石像がそこに現われ、「お前は私を晩餐に招いた、今度はお前が私の晩餐に来るか」と言い、恐れを知らぬジョヴァンニはそれを受け、約束の握手となる。騎士長は恐ろしく冷たい手で、激しくジョヴァンニの手を握ったまま、次のやりとり。

悔い改めよ、生き方を変えるのだ！　これが最後の機会だ。
　いやだ、私は後悔などしない！　私から離れろ！
悔い改めよ、極悪人め！
　いやだ、狂った老いぼれめ！

ジョヴァンニが頑なに拒みつづけ、騎士長が「あぁ、もう時間がない」と去って行くと、ジョヴァンニは恐怖の叫び声をあげながら地獄に落ちてゆく。ここにつけられたモーツァルトの音楽もあって、まこと恐ろしくも感動的な場面となっている。[9]

ドン・ジョヴァンニは、アンナの父親の死（ジョヴァンニによる殺人）から始まり、ジョヴァンニの地獄落ちで終わる。まこと「死」が色濃く影を落としたオペラである。また、この作曲時期にモーツァルトの父親も亡くなっている。父親が死んだからといって誰もがドン・ジョヴァンニや『夢判断』のような作品を作れるわけではないので、「父の死」を説明的に用いるのは無意味ではあるが、これらの作品が、父の死を深く受けとめていく過程の一環となっていること、父の死によってその作品がより迫真のものとなったことは確かであろう。[10]

再び、この曲はよく知っているぞ——一九一二年の発作

一八九六年の発作の継続ともいえる、十六年後に起こったもうひとつの失神発作を見てみよう。

フロイトはユングに、後継者としての期待を大きくかけるが、まもなく二人の関係は悪化し、一九一二年頃には二人の間の緊張が極度に高まっていた。[11] 一九一二年十一月二十四日にミュンヘンで精神分析の会議が開かれ、フロイトとユングは同席しているが、そこで二人の間になにか気まずいことが起こり、フロイトは失神している。ここでは、その発作のなかで鳴り響いたものに思いをめぐらせてみたい。

ユリウスの重要性

フロイトは、自分がなぜ失神したのかを必死に探求し、十二月九日のフェレンツィ宛の手紙で、「これらすべての発作は、ごく早期の死の経験（私の場合は、一歳過ぎに非常に幼くして死んだ弟）の重要

性を指し示しています」と書いている。これは、「自分が死んでほしいと願ったから弟ユリウスは死んだ、という思いが失神の原因である」などという単純なものではあるまい。「ユリウス」という一句にどのようなものが鳴り響いているか、そこを聴くことが重要であろう。

その年の十二月三十日にドン・ジョヴァンニを観に行ったフロイトがそこで何を思ったか、次のフェレンツィ宛の手紙からうかがえる。

いま、ドン・ジョヴァンニを観て帰ってきたところです〔晩の患者がキャンセルしたため〕。その晩餐の場面「この曲はよく知っているぞ」、これは私の今の状況によくあてはまります。そう、私はこの曲をとてもよく知っています。私はこのすべてを、つまり同じ反抗、同じ予言、そして同じ告発を、一九〇六年以前にも体験したのです。

もちろんこれは、当時のユングとの悶着のことをいっているわけであるが、そこで鳴り響いているメロディーをフロイトは一九〇六年以前にも聴いたという（フリースとさんざん揉めたことを指している）。それより前の手紙で「ユリウスの重要性」と自分で書いていることからわかるように、このメロディーは幼少期から、こころの底で鳴り響いており、事あるごとに高鳴ったりするのだろう（あまり強く鳴り響くと、このたびのように失神してしまうのかもしれない）。

私は何も失いません

今回はどのように新しく奏でられたのだろうか、その数日後のユングへの手紙を見てみよう〔一九一三年一月三日〕。フロイトはユングに対して、プライベートなつきあいをやめることを提案し、さらに次のように書いている。

このことで、私は何も失いません。なぜかというと、あなたとは、ずっと前から、以前に体験した失望の継続という細い糸で気楽につながっていただけだからです。

ヨハネとユリウスのメロディーの台本のひとつ「お前なんかともう遊ばないよ、他の子と遊ぶからいいんだ」がこのように奏でられている。絶交しても本当に「何も失わない」のだったら失神することもないだろう、と口を挟みたくもなるが、こう言わざるを得ないのが人生の辛いところだといえようか。

ユングの参入

ユングの立場からすると、『夢判断』に感銘を受け、フロイトのもとを訪ね、親交を深め、一時は互いに夢の分析をし合ったりもするようになるが、これらの行動や関係の展開自体が、ある意味では『夢判断』愛読の延長ともいえよう。「今失いかけようとしている友人（フリースのこと）も、その代用がきっと見つかるだろう」という『夢判断』のなかでの解釈の、その「代用」として、ユングが『夢判断』に参入したとも見なし得る。先の「あなたとは、以前に体験した失望の継続という細い糸で気楽につながっていただけだから」という言葉は、ユングが『夢判断』へ参入したことを裏づけているかもしれない（実際はそれをもって完全な決裂となるわけだが）。

甘いメロディー？

本節では一九一二年の失神の際に鳴り響いた音楽に耳を傾けてみた。それはとても辛いメロディー（ゲーテに言わせるなら「不快なもの、厭なもの、恐ろしいもの」）ではないかと想像されるが、実はそうでもないようだ。ユングに抱きかかえられて意識を取り戻したフロイトの第一声は「死ぬことは甘美なsüßことに違いない」であった。

ぶってよ、マゼット

本書で中心的に取り上げてきた《イルマの夢》は、フロイトがイルマに対し「あなただけの罪だ」と言うものであるが、もしここでイルマが、「ぶってよ（罰してよ）、フロイト」と歌いだしたら、フロイトはどう思っただろう？　この夢の時期、妻マルタの胎内にいた胎児は、アンナ・リヒトハイム（仮名イルマ）からとってアンナと名づけられるわけだが、その娘アンナと父フロイトは、「ぶつ」をめぐって思わぬ展開を見せることになる。[12]そのことを本節では辿っていこう（ちなみにアンナ・リヒトハイムの結婚前の名前は「ハンマーシュラーク（ハンマーでぶつ）」）。

それではまず、ドン・ジョヴァンニから「ぶってよ、マゼット」のアリアを紹介する。

ドン・ジョヴァンニには三人の女性が登場するが、その三人はそれぞれが実に魅力的である。エルヴィーラとアンナは先に少し紹介したが、もうひとりは村娘のツェルリーナである。この日は彼女にとって、マゼットという男性と結婚する日であるが、たまたまそこにジョヴァンニが通りかかり、マゼットを別のところへ追いやり、ツェルリーナと二人きりになり、そして口説く。ツェルリーナは、迷いをみせながらも、ジョヴァンニの誘いに乗る（その直後、エルヴィーラに見つけられ邪魔されてしまうのだが）。マゼットは、「結婚式の日に花婿をほっぽって他の男と二人きりになるなんて何事か！」と頭にきており、またツェルリーナがジョヴァンニと関係をもっただろうと疑っている。ツェルリーナは言い訳をするが、マゼットの怒りはおさまらず、ツェルリーナをぶとうとする。ここでツェルリーナは歌い出す。

ぶってよ、マゼット……。私はここで子羊のようにぶたれるのを待っているわ。……髪を引きずりまわしてもいいのよ。その手にキスするわ。……

なんとも可憐でしたたかな娘である。この歌は、「頭の良い村娘ツェルリーナがマゼットの顔色を窺いながら可憐に可愛らしく下手に出たり、ときには媚態を見せながら少し高圧的になったり、あらゆる女の武器を駆使して歌うこの愛らしいアリア」とも評されている。[13]

娘アンナのファンタジー

フロイトの娘アンナの話に戻ろう。彼女は成長し、精神分析への関心を深めていく。やがて父フロイトが教育分析を施すようになる（普通は自分の身内などに教育分析を施すことは困難な点が大きい、とフロイト自身言っているにもかかわらず）。その過程で娘アンナは、「ぶたれる」というファンタジーを展開する。そのファンタジーをもとに書かれた論文が「ぶたれるファンタジーと白昼夢」（一九二二年）であり、これが彼女の精神分析家としてのデビュー作となる。

ところでフロイトもその時期、「子どもがぶたれる」という論文を書き、そのなかの例として（もちろん名前は出さず）娘アンナを取り上げている。娘が「ぶってよ、お父さん」と直接に歌い上げたわけではないけれども、その論文でフロイトは「この段階のファンタジーを文章にすれば、『私はお父さんにぶたれる』となる」と記しており、娘アンナのファンタジーの意味合いが「父（自分）にぶたれる」ことだとしっかり受け取っている。[14]

ツェルリーナは、すねているマゼットをなだめすかし、まるめこんでしまうために「ぶってよ」と歌うが、娘アンナはまさか、「あらゆる女の武器を駆使して、父フロイトをまるめこみ、精神分析界の女王として君臨しよう」という意図をもって「ぶってよ」のファンタジーを展開したわけではないだろう（もし意図的にそうしていたら、ツェルリーナをもしのぐしたたかさであるが）。

ともかく娘アンナは「ぶってよ」をめぐるファンタジーの論文で精神分析界にデビューし、父フロイトも「子どもがぶたれる」という論文で娘のことを取り上げている。父娘の見事な唱和といえようか……これも《イルマの夢》で「夢の秘密が現われた」というその秘密の展開かもしれない。そこには、当事者二人にしか窺い知れないものがあるのは勿論だが、当事者にさえ窺い知れない秘密も無限に潜んでいるような印象を受ける。

ちなみに、フロイトは後にゲーテ賞を受賞するが、記念講演では、フロイトが書いた原稿を娘アンナが代読している。本章のエピローグとして、その原稿の末尾を引用するので[15]、娘アンナが読んでいる様子を思い浮かべて味わっていただきたい[16]。

私たちはここであのメフィストフェレスの言葉を思い起こさないわけにはいきません。

「それにあなたに分かる学問の中で、一番大切な事は学生どもには言うことが出来ないのでしょう。」

第二篇　結核性の恐ろしいもの ―― 漱石の小説から

本書のヒロインともいうべきソフィーやアンナ・リヒトハイムが若くして未亡人となったのは、夫がほかならぬ「結核」で死んだからである。彼女たちは当時「死の病」であった結核の恐ろしさを身をもって知っただろう。その彼女たちに接しているフロイトをも含めて、そこに潜んでいたものがいかに発現・展開していったかを第II部を通して見たが、それは「恐ろしさ」において結核そのものにひけをとらないほどのものだったといえるであろう。

「結核性の恐ろしいもの」という表現は、夏目漱石の『門』に出てくる。漱石はこの恐ろしいものとの闘いという構造を繰り返し取り上げているが、この小説でも、闘いの具体的な現われとして、「親友との（そのあいだにいる女性も絡んだ）関係」と「夫婦関係」が主題となっている。

そこで本篇では、漱石がそのテーマや構造へどのように対峙し、いかに表現していったかを見てゆくことで、本書でフロイトの具体例に即して見てきたテーマや取り組みと照らし合わせながら、私たち自身の「こころの問題」への取り組みを考えてゆく参考となればと思う。まずは、漱石が小説で「結核性の恐ろしいもの」(のたぐい)をいかに表現したかを、次いで、それと関連する漱石自身の態度を見ていきたい。

小説に現われたもの

まずは『門』から。

宗助と御米の一生を暗く彩どった関係は、二人の影を薄くして、幽霊の様な思を何所かに抱かしめた。彼等は自己の心のある部分に、人に見えない結核性の恐ろしいものが潜んでいるのを、仄かに自覚しながら、わざと知らぬ顔に互と向き合って年を過した。

「宗助と御米の一生を暗く彩どった関係」とあるが、これは一言でいうと、略奪婚とよばれる事態である。大学時代、宗助には安井という親友がいた。在学中に安井は御米という女性と結婚したのだが、のちに宗助は、その結婚を破綻させ、妻であった御米と結婚した。

凡てが生死の戦であった。青竹を炙って油を絞る程の苦しみであった。大風は突然不用意の二人を吹き倒したのである。二人が起き上がった時は何処も彼所も既に砂だらけであったのである。彼等は砂だらけになった自分達を認めた。けれども何時吹き倒されたかを知らなかった。

親友とそのあいだにいる女性という設定を、漱石は繰り返し取り上げた。『門』では、このような体験を背負った二人がどのように生きていったかに重点が置かれているが、その前作『それから』においては、親友の結婚をとりもった主人公がのちに彼から妻を奪う過程が描写されている（こころの本質に触れる問題が、そうしたテーマにおいてとりわけ露わになるからこそ、漱石は繰り返し取り上げたのだろう）。

こころの底に潜む「結核性の恐ろしいもの」との闘い、そして「親友とそのあいだの女性」というテーマ、その両方が小説『こころ』でより深められたかたちで結晶化された。

不可思議な恐ろしい力

「先生」を慕った「私」がいうように、先生夫婦はつつがなく暮らしている。しかしながら、二人の結婚には「花やかなロマンス」が横たわっていたものの、実は先生は「美しい恋愛の裏に、恐ろしい悲劇」を抱え込んでいたのである。

それは先生の親友Ｋの自殺である。その悲劇を背負った先生がどのように生きてきたのか（そして死んでいくのか）が、彼の遺書に記されているが、それは、（死へと至らしめる）「不可思議な恐ろしい力」との「苦しい戦争」という表現で描写されている。

波瀾も曲折もない単調な生活を続けてきた私の内面には、常にこうした苦しい戦争があったものと思ってください。……

いつも私の心を握り締めに来るその不可思議な恐ろしい力は、私の活動をあらゆる方面で食い留めながら、死の道だけを自由に私のためにあけておくのです。

Kとの悲劇が、その苦しい戦争の源泉としてあるわけだが、いったいどうして悲劇を招いてしまったのだろうかと、先生自身、繰り返し自問したであろう。

いつから「不可思議な恐ろしい力」は戦争をしかけてきたのか？　これは小説『門』における「結核性の恐ろしいもの」がいつから潜んでいたか、という問いと重なるであろう。「恐ろしいもの」が顕在化したのは、親友の妻を好きになった時点かもしれないが、親友同士の頃から「結核性のもの」は潜んでいたと考えられる。漱石自身そのように考えていたことが、『こころ』の先生の発言からもうかがわれる。先生はKのことを「子供の時からの仲良し」「心のうちで常にKを畏敬していました」と遺書に記しているが、彼はそれが「恋愛」と「性質が同じ」だと考えるようになっていたことがうかがわれる箇所を見てみる。

私は先生に「どうしても近づかなければならないという感じ」を抱いて、先生の人格に魅力を感じ、慕っている。あるとき先生が「恋は罪悪です」と言ったことに対し、私が「なぜですか」と問うたところ、先生は次のように答えている、「なぜだかいまにわかります。いまにじゃない、もうわかっているはずです。あなたの心はとっくの昔からすでに恋で動いているじゃありませんか」。そこで私は、その時点で別に誰かに恋をしているわけでないことを述べる。


「あなたは物足りない結果私の所に動いて来たじゃありませんか」

「それはそうかもしれません。しかしそれは恋とは違います」

「恋に上る階段なんです。異性と抱き合う順序として、まず同性の私の所へ動いて来たのです」

「私には二つのものがまったく性質を異にしているように思われます」

「いや同じです。……」

私には先生を慕う気持ちが恋とはまったく性質を異にしているようにしか思えないのに、先生は「いや同じです」と断言する。先生は「不可思議な恐ろしい力」との戦争のなかでKとの悲劇を繰り返し振りかえって、その過程で、Kとの友情がすでに「異性と抱き合う順序」であり、恋と性質が同じであることを痛感していったのだと想像される。異性と抱き合う順序といっても、実際に抱き合うというわけではなく、先生がいいたいのは、年輩や同輩の同性を慕うこと自体にも「恋と同じ性質のもの」が潜んでいて、それは恋とひと続きであるということだろう。

フロイトが生涯にわたって取り組んだのも、このひと続きの問題であった。

継続中のもの

『こころ』の翌年（大正三年）、「硝子戸の中」というエッセイで漱石は、結核性の恐ろしいものをより一般的にしたと思われる「継続中のもの」という言葉を用いている。漱石を直接に死へと至らしめたのは胃潰瘍であるが、繰り返し再発するその病気にちなんで次のような表現をしている。

継続中のものは恐らく私の病気ばかりではないだろう。……凡てこれ等の人の心の奥には、私の知らない、又自分達さえ気の付かない、継続中のものがいくらでも潜んでいるのではなかろうか。……所詮我々は自分で夢の間に製造した爆裂弾を、思い思いに抱きながら、一人残らず、死という遠い所へ、談笑しつつ歩いて行くのではなかろうか。唯どんなものを抱いているのか、他も知らず自分も知らないので、仕合せなんだろう。

こころの奥に潜んでいる「継続中のもの」とはいかなるもので、それといかに取り組み得るのだろうか（他も知らず自分も知らないまま、うかうかと談笑しながら死にゆくしかないのだろうか）？　これが漱石の根本テーマだといえる。[1]

坐禅する級友

『門』の主人公が「青竹を炙って油を絞る程の苦しみ」のなかで「生死の戦」をしていた頃、別のかたちで「結核性の恐ろしいもの」と闘っていたと思われることが、伏線として記されている。「結核性の恐ろしいもの」という表現が登場する『門』の十七は、この小説の転換点となる章であるが、そこで主人公・宗助は、不安の極まるなか、かつて京大生だった頃（親友の妻を奪った時期）に相国寺へ行って坐禅をする級友があったことを思い出す。

昔し京都にいた時分彼の級友に相国寺へ行って坐禅をするものがあった。当時彼はその迂濶を笑っていた。「今の世に……」と思っていた。その級友の動作が別に自分と違った所もない様なのを見て、彼は益馬鹿々々しい気を起した。

彼は今更ながら彼の級友が、彼の侮蔑に値する以上のある動機から、貴重な時間を惜まずに、相国寺へ行ったのではなかろうかと考え出して、自分の軽薄を深く恥じた。

宗助は自分が危機に陥った際、この級友を思い出したこともあって、自分自身が鎌倉へ坐禅しに行く。このところは「小説の構成が破綻している」「ギャップがある」「自己の問題を放り出して坐禅に逃避しても解決が得られるわけはないだろう」などとしばしば批判されているところである。たしかにそれらは妥当な批判だろうが、同時にそのギャップは、宗助が仄かに自覚している「結核性の恐ろしいもの」そのものに潜むギャップが反映しているのではないか、と思われる。

恐ろしいものとの取り組み

実際の「結核」であれば、結核菌を対象として治療法や予防法を研究することが可能だ（実際に、結核が死の病として多くの人命を奪った当時の状況は克服されている)。しかしこころに潜む「結核性の恐ろしいもの」は、自分の外側にあるものとして対象化して闘える相手でなく、また、(自分のこころや人との関係性などを)内省して捉えられるものでもない(そこにこそ恐ろしさがある)。

結核性の恐ろしいものに類する表現の際に漱石は必ず、「自分にも人にもわからない」ということを強調するが、これは重要なところである。逆にいえば、つい自分だけは外側に立って、テーマや構造を指摘したりしてわかったつもりになってしまうという盲点が、底知れず恐ろしいことなのだ。テーマを指摘することと、問題にいかに取り組むかということは別次元のことであり、『こころ』の先生にしても、自分の悲劇が「恋」「異性と抱き合う」というテーマの一連の問題であることを認識したわけだが、だからといって「いつも私の心を握り締めに来るその不可思議な恐ろしい力」が解明されたわけではなく、それとの「苦しい戦争」が楽になったわけでもない。

外側からテーマや構造を指摘することで抜け落ちる「こころの深い次元」の問題を本書の中心的な課題としてきたが、漱石もフロイトと同様、その困難を痛感しているといえよう。

覚悟・志・祈念

ここまでは漱石の創作物において「結核性の恐ろしいもの」について見てきたが、次に彼自身の姿勢で、広い意味でそれと関係すると思われるところを見ておきたい。

結核性の恐ろしいものは、自分や他人のこころや関係性を探って取り組めるようなところを越えた問題だと思われるが、もし幾分なりとも積極的に向き合えるとしたら、それはある種の覚悟をもった実践においてであろう。漱石は手紙で、次のような認識（覚悟）を繰り返し述べている。

すべてやり遂げて見ないと自分の頭のなかにはどれ位のものがあるか自分にも分らないのである。……只やる丈やる分の事である。〔明治三十九年二月十五日、森田草平宛〕

実を云ふと僕は自分で自分がどの位の事が出来て、どの位な事に堪へるのか見当がつかない。……天授の生命のある丈利用して自己の正義と思ふ所に一歩でも進まねば天意を空ふする訳である。余は斯様に決心して斯様に行ひつつある。〔明治三十九年十月二十三日、狩野亨吉宛〕

亡くなる年の元日の朝日新聞に載った「点頭録」でも、「わが全生活を、大正五年の潮流に任せる覚悟をした」「私は天寿の許す限り趙州和尚の轍にならって奮励する心組でいる」と述べていることからも、彼が最後まで、並々ならぬ決意・覚悟を新たにして奮闘していったことがわかる（それは生涯にわたる創作活動からも裏づけられよう）。

道をこころざして

自分にできる限りの努力をする漱石であるが、彼は同時に、「天」という語を多用するところからもうかがえるように、人間の努力を越えたなにかも関わっていることを察している。特に最晩年は、「天（に則す）」「道（を志す）」という方向・覚悟がはっきり表われてくる（晩年の漢詩で「天」と「道」が対応して用いられている）。

大正二年十月五日の和辻宛の手紙で漱石は「私は今道に入らうと心掛けてゐます」と記している。「結核性の恐ろしいもの」には、自分のこと（願望や人間関係など）を反省して取り組むだけでは届かないところがあり、自分を投げ打っていくような仕方ではじめて取り組み得る。それが「道を志す」

という姿勢に出ているのだろう。

亡くなる前月の雲水（禅の修行僧）への手紙を二通引用したい。

私は私相応に自分の分にある丈の方針と心掛で道を修める積です。気がついて見るとすべて至らぬ事ばかりです。行住坐臥ともに虚偽で充ち〳〵てゐます。耻づかしい事です。〔大正五年十一月十日、鬼村元成宛〕

変な事をいひますが私は五十になって始めて道に志ざす事に気のついた愚物です。其道がいつ手に入るだらうと考へると大変な距離があるやうに思はれて吃驚してゐます。あなた方は私には能く解らない禅の専門家ですが矢張り道の修行に於て骨を折ってゐるのだから五十迄愚図々々してゐた私よりどんなに幸福か知れません、又何んなに殊勝な心掛か分りません。私は貴方方の奇特な心得を深く礼拝してゐます。〔大正五年十一月十五日、富澤敬道宛〕

漱石の繰り返す「天」「道」という言葉はおそらく、「天意も道も自分にわかっていないが、ともかく全力を尽くさない限り天意を無駄にしてしまうので、奮闘していく」という覚悟・実践のなかで意味をもつものなのだろう（そのような覚悟を自分がもとうとすることなしに「則天去私」などの言葉をあれこれと解釈したりすることは、うかうかした行為であろう）。

道を志す覚悟で生きていくなかではじめて漱石は、『道草』や『明暗』のような小説を執筆することができ、自分のことを「行住坐臥ともに虚偽で充ち〳〵てゐます」「五十迄愚圖々々してゐた私」というように書き得たのだと思う。

神経衰弱と狂気

こころに潜む（死に至らしめる）病に対して、漱石はいったいどのような態度をもって臨んだのであろうか。

ただ神経衰弱にして狂人なるがため、『猫』を草し『漾虚集』を出し、また『鶉籠』を公にするを得たりと思へば、余はこの神経衰弱と狂気とに対して深く感謝の意を表するの至当なるを信ず。
余が身辺の状況にして変化せざる限りは、余の神経衰弱と狂気とは命のあらんほど永続すべし。永続する以上は幾多の『猫』と、幾多の『漾虚集』と、幾多の『鶉籠』を出版するの希望を有するがために、余は長しへにこの神経衰弱と狂気の余を見棄てざるを祈念す。
ただこの神経衰弱と狂気とは否応なく余を駆って創作の方面に向はしむるが故に、……

（明治三十九年十一月に執筆された『文学論』序から）

彼は「神経衰弱と狂気」が自分を否応なく創作へ駆りたてていることを自覚し、それに対して、「見棄てないように祈念する」と、極めて印象的で強い表現がなされている。もちろん、病になったからといって誰でも漱石のような創造ができるわけでないし、そもそも創造の謎自体は私にわかるべくもないが、結核性の恐ろしいものという「こころに潜む（死にいたる）病」は、単にマイナスだから除去すべきものというのでなく、「祈念す」というほどの畏敬の念をもって接していく（闘っていく）何かであることがうかがわれる。[2]

おわりに

本篇では、漱石の「結核性の恐ろしいもの」との取り組み、またその一環ともいえる、「道を志す」「狂気への祈念」といった自分の力を越えた何かに対する姿勢を見てきた。決意・覚悟を新たにし、そしてまた初々しさや自分への恥じらいをもって最後まで生き抜いていった漱石の生き様そのものからも、そしてそこから生み出された作品からも、私たちは貴重なものを学んでゆけるのではないだろうか。

フロイトは、その過酷な自己分析を経て「デモーニッシュなるものへの畏敬の念（それとの闘いと別ではない）」を抱くに至り、また、「自分のこころにのしかかっている重荷は、取り除けることのできない十字架であり、自分が背負っていく以外にない」という覚悟をもって、生涯歩んでいった。その姿とも相い照らし合って、私たちが各々の問題に参究してゆくための一助となれば幸いと、本篇を綴った。

第三篇　奇怪な三角関係　――　小林秀雄の体験から

本篇ではまず、小林秀雄の原点となっている若い頃の体験を取り上げる。これは、前篇で扱った「結核性の恐ろしいもの」のノンフィクション版ともよび得るようなことである。小林自身が「奇怪な三角関係」とよんでいる体験なのだが、その三者ともども何らかの発言を残しているので、より具体的・立体的に問題が立ち現われている。同様の出来事あるいは関連する心理は私たちの身近にも多いと思われるし、フロイトの取り組んだ問題が具体的にどのように現われ得るかのひとつの際立った実例として感得するのに役立つかもしれない。

そして次に、そのような体験を背負った小林が、どのような問題意識をもちどのような姿勢で問題に立ち向かっていったか、そして晩年に彼がほかでもない『夢判断』を愛読したことについて見ていきたい。

奇怪な関係

小林秀雄と中原中也、長谷川泰子をめぐる話を取り上げよう。

中也は小林の五年歳下、泰子は二年歳下である。[1]一九二三年末頃、京都で中原〔十六歳〕と泰子〔一九歳〕が出会った。二人は翌年四月から同棲を始める。その一年後、二人は上京する。そして中原と小林が出会った。同年五月、中原は小林の住んでいる近くへ転居〔同棲中の泰子とともに〕。小林が後に〔一九四九年〕「中原中也の思い出」という文章を残しているので、そこから引用する。

私は中原との関係を一種の悪縁であったと思っている。……中原と会って間もなく、私は彼の情人に惚れ、三人の協力のもとに、(人間は憎み合うことによっても協力する) 奇怪な三角関係ができ上がり、やがて彼女と私は同棲した。この忌まわしい出来事が、私と中原との間を目茶目茶にした。言うまでもなく、中原に関する思い出は、このところを中心としなければならないのだが、悔恨の穴は、あんまり深くて暗いので、私は告白という才能も思い出という創作も信ずる気にはならない。

一九二五年の春に知り合った三人だが、その七月から事は急転していった。年齢を確認しておくと、小林は二十三歳、中原は十八歳、泰子は二十一歳である。泰子が晩年、その頃のことを振り返って口述しているのでそこから引用する〔『ゆきてかへらぬ』一九七四年〕。

あれは七月のことでした。中原は郷里に帰って、いないときです。小林が一人でたずねて来ました。おそらく、小林にしてみれば、はじめは女がいるから、ちょっと行ってみよう、そんな気持ちだったと思うんです。

きっかけというのはこういうものかもしれませんが、二人きりで話していると、何か妙な気分になりました、あのときは別にどうということもなかったけど、私はそれからときどき、中原に内緒で小林と会うようになったんです。

「あなたは中原とは思想が合い、ぼくとは気が合うのだ」

二人で会ってたときなど、小林はこういったこともありました。……

あるとき、彼は意を決したように、私にこういったんです。

「大島へ旅行してみよう」

私はこの言葉に迷いました。大島へ行くとなると、どうしても一泊ぐらいはすることになるから、いままでのように、無邪気に交際しているわけにもいきません。だけど、小林とのつき合いにはロマンがあって、私はその旅行にかけてみよう、と決意して大島行を約束しました。

大島行きの約束は十月八日だった。ところが泰子は待ち合わせに遅れてしまう。小林は、泰子が来ないと判断し、一人で大島へ出かけた（大島で自殺しようとしたことを記した文面が残されているという）。小林は大島から帰ると、盲腸炎になり入院する。泰子は病院へ見舞に行く。

私が行ったとき、小林の妹さんがいて、「中原さんの奥さんがお見舞に来られました」といわれ、ちょっと変な気がしました。小林もちょっときまり悪いような顔をしておりました。けど、私が見舞に行ったのを、とても喜んでくれました。

このとき、小林の手術後の経過はよかったようで、ゆっくりなら歩けるようになっておりました。私を廊下まで送って出まして、小林は二人で一緒に住もうといったんです。中原のところを出て、小林のところに行くということに、これまで迷い続けておりましたが、病院の廊下で、「一緒に住もう」といった小林のことばを聞いたとき、私の腹は決まりました。この人と一緒に住もう、私はそう思いました。

私は小林の退院を待って、中原のところを去るつもりでした、それまでは中原に悪かったけど黙っておりました。いよいよになって、私はこういいました。

「私は小林さんとこへ行くわ」

もうそのときは、運送屋さんがリヤカーを持って、表で待っていたんです。あのとき、中原は奥の六畳で、なにか書きものをしておりました。そして、私のほうも向かないで、「フーン」といっただけなんです。

中原にしてみれば、すべてが突然のことだったと思います。はじめはきっと、私がちょっと遊びに行くくらいに思っただけなんでしょう。いよいよ荷物を運び出して去って行くときになっても、中原はやっぱり実感が湧かなかったようでした。何んということもなく、私は小林のもとへ行ったんです。


泰子は中原のもとを去り、小林との同棲が始まった。一九二五年の十一月下旬のことである。

中原の言い分も聞いてみよう〔「我が生活」推定一九二九年頃の草稿〕。


私はほんとに馬鹿だったのかもしれない。私の女を私の所から略奪した男の所へ、女が行くといふ日、……女の荷物の片附けを手助けしてやり、おまけに車に載せがたいワレ物の女の一人で持ちきれない分を、私の敵の男が借りて待ってゐる家まで届けてやったりした。……

もう十一月も終わり頃だったが、私が女の新しき家の玄関に例のワレ物の包みを置いた時、新しき男は茶色のドテラを着て、極端に俯いて次の間で新聞を読んでゐた。私が直ぐに引返さうとすると、女が少し遊んでゆけといふし、それに続いて新しき男が、一寸上れよと云ふから、私は上ったのであった。

それから私は何を云ったかよくは覚えてゐないが、兎も角新しき男に皮肉めいたことを喋舌ったことを覚えてゐる。すると女が私に目配せするのであった、まるで私の女であるかのやうに。すると私はムラムラするのだった、何故といって、——それではどうして、私を棄てる必要があったのだ？ ……

とにかく私は自己を失った！ 而も私は自己を失ったとはその時分ってはゐなかったのである！ 私はただもう口惜しかった、私は「口惜しき人」であった。……

友に裏切られたことは、見も知らぬ男に裏切られたより悲しい——といふのは誰でも分る。しかし、立去った女が、自分の知ってる男の所にゐるといふ方が、知らぬ所に行ったといふことよりよかったと思ふ感情が、私にはあるのだった。それを私は告白します。……
がそんなことなど棄て置いて、とも角も、私は口惜しかった！

泰子は小林と同棲を始めたのち、奇妙なこころの病いになった（彼女はそれを「潔癖症」「甘え病」とよんでいる）。

「あたしはどこにいるの」
たとえば、私は小林にこう質問するんです。小林はそれに応じて、「どこそこだ」というわけです。そんなとき、私は自分だけの妄想の世界のなかにいて、その妄想の世界での私のいる場所を、小林にいいあててもらいたいんです。小林は答えるべきことばをこしらえて待っておりました。だけど、妄想のなかの私の場所を、小林はいい当てられるはずがありません。……そうなると、私は怒りだしてしまうんです。

一方、小林は、泰子との付き合いを「シベリア流刑」と称していたようだ。

……小林とは、私が潔癖症だったために、かえってしっかり結びついていたといえましょう。小林はそのことをまるでシベリア流刑だ、といっておりました。
シベリアでは罪人に、バケツで水をくませる刑罰があると聞きました。ふたつの水槽の間で、一方から他方に水を移しかえ、それがおわるとまたもとの水槽にもどすといった刑罰なんだそうです。小林は私の潔癖症で悩まされることを、シベリア流刑にたとえておりました。

その後、小林は泰子のもとを逃げ出している（一九二八年五月二十五日）。
中原にすれば、小林という男性に魅力を感じ、より親しく接しようとわざわざ近くへ引越したりしているうちに、その男が「敵」となり、自分の女を「略奪」されてしまい、自己を失い、「くやしい」

思いをとことん味わう。

泰子にしたら、はるかに熱心な愛情をもって口説いてくる小林とのつきあいに「ロマン」を感じ、それに賭けて中原のもとを去り小林と同棲し、そして「潔癖症」「甘え病」という奇妙な病にかかってしまう。

小林はといえば、友人を裏切って女を略奪し、中原との関係は「目茶目茶」になってしまい、そのうえ、そうまでして奪い取った泰子との恋愛関係が、「シベリア流刑」となり、結局、逃げ出してしまった。

三人ともども「いったいどうして、こんなことになってしまったんだろう……」と痛感したのではないだろうか。[2]

愛読といふもの

前節で見たような体験を背負った小林が、「自己を知る」「人との関係」などのことで、どのような問題意識をもって取り組んでいったかに関して見ていきたい。彼は、「中原中也の思い出」で次のように書いている。

私は、もうそのころ心理学などに厭気がさしていた。……嫌悪と愛情との混淆、いったいそれは何のことだ。

こう語る小林に向かって、「嫌悪と愛情との混淆は心理学用語で『アンビヴァレンツ』とよばれています」と説いても意味がない。また、「エディプス・コンプレックスといって、母親への愛情、力強く見えた父親への憧れとそれを乗り越えたい気持ち、父親の持っているもの（女）だからこそ奪い取りたい気持ちなど複雑なものが絡まった『奇怪な三角関係』が、実は幼少期から継続していて、中原の女を略奪したこともシベリア流刑も、その『継続中の恐ろしいもの』の発現である」というのも、あるていど妥当な説明であるとは思うが、そのような心理学流の説明で何かわかったような気になることの盲点に、小林は激しく切り込んでいった人である。

激しい問題意識

小林は、モーツァルトの心理分析・解釈をしている人に対して、「十九世紀文学が、充分に注入した毒に当った告白病者、反省病者、心理解剖病者等の臭いがする」と批判している（「モオツァルト」）。彼は、現代人（特に文化人、教養人と称される人）の底に潜んでいる盲点に徹底的に取り組んだ人であり、その問題意識は、二十一世紀に入った現代においても全く古くなっていない。あるいは問題はさらに深刻化しており、小林の言葉はさらに重要性を増しているともいえる。

解釈を拒絶して動じないものだけが美しい、これが宣長の抱いた一番強い思想だ。解釈だらけの現代には一番秘められた思想だ。（「無常という事」）

小林が抱いたいちばん強い思想もこれではないだろうか。また彼は次のようにも言っている。

誰が、自分の性格などを詮議することによって、自分の正体を掴んだでしょうか。誰が、他人の心理状態などを合点することで、友を知ったでしょうか。（「歴史と文学」）

自己批判だとか自己清算だとかいうものは、皆嘘の皮である……そんな方法では、真に自己を知ることはできない……（「私の人生観」）

自分のこころや他人のこころを分析したり批判したり、その関係性を論じたりするのも、たしかに大切なことかもしれないが、「そのようなしかたでは、真に自己を知ることはできない」という激しい問題意識をもって生涯取り組んでいったところが、小林の最も画期的なところではないかと私には思われる。

ここに引用した小林の言葉を読むかぎりでは、これは精神分析に対する痛烈な批判となっているようにも思われる。実際にフロイトはたしかに、「自己分析」をしたり、人の心の「分析」や「解釈」もしているし、ともすると精神分析は、小林の批判するような毒を注入することに利用されたりしがちである。

しかしながら、おそらくこのような痛切な問題意識をもった小林だからこそ、フロイトの成した仕事、とりわけ『夢判断』という著作の画期的価値を見抜き得たのではないだろうか。[3]

どのように読んだか

小林は、最後の著作となった「正宗白鳥の作について」で、フロイトが読者へ託したお願い「関心を共にして沈み込んでほしい」を繰り返し引用し、自身がその要求に応えて『夢判断』をいかに「愛読」したかを述べている。

夢の隠れた意味を知らうとする私の関心や興味を、読者自身のものとして欲しい。その為の諸君の「断乎たる転身を要求する」と言ってゐるのではないか。それが出来ない人には、自分の学問は解らない、と彼は信じてゐたのである。「夢判断」を読んだ人なら、彼の言ふ「転身」の意味するところを思ひ知らされた筈である。

……

……迅速な著者の直覚と推論とを追ふうちに、私はだんだん息苦しくなって来た。……息苦しさの最中で出会へたのが、フロイトといふ人間であった事は、はっきり感じ得たし、又、息苦しさけ自分自身の心に由来する事も納得出来たからである。

本書第九章の「天使との闘いで息が止まりそうになった時……」と記された手紙では、フロイトが『夢判断』を息が止まりそうになりながら執筆した様子を見たが、小林も『夢判断』を「読む」という行為のなかで、「息苦しく」なりながら、その闘いに参入したといえるであろう（自らの「奇怪な三角関係」も徹底的に問題となっていることがはっきりとわかっていたら、「息苦しくなって来た」では済まない体験を強いられたところであろうが）。

先に「解釈だらけ」を批判した小林の言葉を紹介したが、『夢判断』は（原題の直訳が「夢の解釈」であることからもわかるが）ある意味で「解釈だらけ」の本である。だがその語り口を通して「解釈を拒絶して動じない」ものが輝き出ていることを、小林は鮮やかに見抜き、フロイトの画期的な語り口に何度も注意を促し、それらを丁寧に引用している。もちろん『夢判断』から「解釈の仕方」を学ぶこともできるが、この著作の最も重要でかつ最も秘められているところは、それこそ「こころを耳と化して」、鳴り響いている「解釈を拒絶して動じないもの」を聴いていく姿勢があってこそ学べるものかもしれない。

読む行為の展開

小林は「正宗白鳥の作について」[4]のなかで、ユングがフロイトの『夢判断』を愛読した例を挙げている――「フロイトは、この著作で、私の夢についての関心を、読者諸君は自分自身のものとして欲しいと訴へたが、ユングは、このフロイトの『断乎たる転身』の要求に、文字通りに応じた学者であった。」

ユングは『夢判断』を読んで感激し、フロイトと実際に交流をもつようになり、アメリカへ招かれた旅行の際にはお互いに夢の解釈をし合うようにまでなるが、小林はこれらを、「ユングのフロイトの『夢判断』の愛読といふものは其処まで行き着かなければ済まないものであった」と表現している。つまり、「読む」という行為がこのように展開されているということである。先の部外第一篇ではフロイトとユングの決裂を見たが、決裂するところまで含めて、ユングの『夢判断』愛読は「其処まで行き着かなければ済まない」ものだったといえよう。

また小林は、「『夢判断』が『愛読』出来たといふ経験の賜物」「愛読といふ経験の賜物による二人の人間の直截な出会」という表現をしている。小林自身、『夢判断』を「愛読」するという「賜物」に恵まれたということでもあろう。『夢判断』を読んで解釈の仕方を学ぶのは努力で為し得ることかもしれないが、「解釈を拒絶して動じないもの」が輝き出ているような文章を「愛読」できることは、努力を越えた「賜物」であるのだろう。

小林は「自己分析めいたこと」では本当に自己を知ることはできない、とはっきり自覚していた。そのような仕方にとどまらず、彼は生涯「他人を（そして自分を）じかに知る」探求に取り組みつづけた。

間に合わせの知識の助けを借りずに、他人をじかに知ることこそ、実は、ほんとうに自分を知ることにほかならぬからである。……自己反省とか自己分析とかいう浪漫派文学の産んだ精神傾向は、感傷と虚栄との惑わしに満ちた、架空な未熟なわざにすぎない。

〔「読書について」〕

本書も、主に『夢判断』を読者の皆様とともに「読む」ことを通して、私たち一人ひとりが自分をじかに知るための参考になることを祈念して書かれた。そして、ここでひとまず筆をおくことにする。

あとがきに代えて——ちょっとうっかりしているあいだに

ちょっとうっかりしているあいだに三十数年という歳月が経ってしまった。恐ろしいことだ（といいながらも実はそれも、うかうかしているなかでの言葉で、本当に痛切には恐ろしく思っていないのかもしれない）。いつ頃からうかうかしているのか、自分でもよくわからない。ただ、大学院で臨床心理学を学びはじめる時期よりずっと以前から、うかうか生きているなあ、との思いが強くあったのは確かである。

ここでは「うかうかしていること」をめぐって、感じているところを自由に綴ってみたい。

＊＊＊　　＊＊＊　　＊＊＊

本書では「夢の秘密が現われた日」に関連していろいろと見てきたが、その日とは要するに、人間一般の心理の研究や患者の治療への努力を続けてきたフロイトが、自分自身のあり方の底に潜む「なにかしらうかうかしたもの」までを含めて取り組みはじめた日ではないだろうか。

フロイトが《イルマの夢》から直接に向かい合った問題は、夢の意味は何か？　夢はいかに解釈されるか？　さらには患者の理解や治療に夢をいかに役立て得るか？　ということである。ところが、こうした問題に取り組んでゆく過程で、そのような次元を越えたところで、彼自身のあり方までが徹底的に問題化されてきた。生きる姿勢や覚悟の変換を伴うフロイトの生き様に、私たちは触れてきたわけである。

そこで、フロイトが夢と関わるうえでの姿勢がよく伺える最晩年のエピソードを紹介したい。

私が処置して、神が癒す

第八章で、フロイトの教育分析の様子を取り上げたが、その一九三五年八月六日の記録から〔フロイト七十九歳時〕。

ブラントンはすでに治療者でもあり、自分が担当している患者の生活史を詳細にフロイトに話したうえで、その患者が見た夢をフロイトに話し、解釈（患者のこころや治療に関して参考になる意見）を求めた。それに対してフロイトは、沈黙しているか、「連想内容を聞かなければ何とも言えない」と答えるのみであった。そこでブラントンが繰り返し意見を求めると、フロイトは「夢の解釈」よりはるかに根本的な態度に関して述べる。

「仕事をできるだけ徹底的にやって、結果については思い煩わないようにしてください。……」そういうとフロイトは、パレの墓に刻んであるモットーを引用した。「私が処置をし、神がこれを癒し給う。」

これは、「外科学の祖」アングロア・パレ〔1510 - 1590〕の言葉である。患者の夢に関しての意見を求められて、フロイトは直接それに答えるのでなく、この言葉をもってきた。彼はこの一節を、最も基本的な技法論〔一九一二年〕でも引用している〔著作集9・八二頁〕。

外科医はすべての感情を、さらには人間的な共に苦しむこころさえ脇へのけて、手術をできるだけ技術に適ったように成し遂げるという唯一の目的に全精神を傾けるが、私は、精神分析治療の際、外科医を模範にするよう、いくら同僚に薦めても薦めすぎでないように思う。……ある年老いた外科医は次の語を座右の銘にしていた。「私が処置をし、神がこれを癒し給う Je le pansai, Dieu le guérit。」分析家はこれと似た何かで満足すべきだろう。

これはフロイト自身の座右の銘と見なし得る。全精神を傾け細心の注意をはらいながら事をなしていくことが重要なのはもちろんだが、それが同時に、「自分が……をする」ということを離れているところに、微妙な機微がある（ここでいわれている「神」は、「……という宗教上の考え」などという次元でなく、もっと身近でより深い言葉だろう）。本書で見てきた問題はすべて、この微妙なところをめぐっていると思われる。ここに潜む秘密は、人間側の努力が重要であると同時に、人間業を越えたなにかと関わっており、それは生涯にわたって問題となってゆくものであろう。
それでは次に、この問題（秘密）と「ほんとうの喜びとは」という問いをめぐって、フロイトからは少々離れるかもしれないが、私の強く抱いているところを綴ってみたい。

ほんとうの喜び

本書の副題にもあるように、序章でのソフィーの涙から終章に至るまで、「悲しみ」がこの本を通底している。これは裏からいえば、「喜び」への希求が通底しているということにもなる。「ほんとうの喜びはどこに?」という問いで私が真っ先に思い起こすのは、アッシジのフランシスコが、ある地に向かう途上で話したことばである。

フランシスコは兄弟レオネに、「至る所で聖徳と厚い信仰とのうるわしい模範を示したとしても、そのなかには完全な喜びがない」という言葉をかわきりに、「病人を癒し、死者を生き返らせたとしても」「あらゆる智恵に精通したとしても」「説教に巧みで不信心者をことごとくキリストの信仰へ導いたとしても」、これらのことのなかには「完全な喜びがない」ことを語っていく。レオネは驚いて「では完全な喜びはどこにあるのですか」と問うた。そこでフランシスコは答える。

私たちが雨にぬれ、寒さにこごえ、泥にまみれ、飢えになやみながら目的地に着いて、修道院の門を叩くとき、門番が立腹して出てきて、「おまえたちは世間をあざむき、貧乏人の施し物をぬすみ取る悪党だろう、さっさと立ち去れ！」としかりつけ、中へ入れてくれず、寒くひもじいままにし、さらには殴りつけてきたとして、そこで、全く腹をたてず、不平も言わず、「門番の言ったことは本当だ、神が彼を使って私たちの真の姿を教えてくださっているのだ」と本当に受け取るのならば、兄弟レオネ、銘記せよ、そこにこそ完全な喜びがある。

「お前は信者風の姿をしているが実は偽信者で世間をあざむいている悪党だ」という言葉を本当に神からの真実の言葉として受けとめるなら、そこに本当の喜びがあるという。ここで大事なのは、「自分は偽の信者である」という認識や、「迫害を受けても、相手の非を許し、耐え忍びましょう」という道徳目標ではないであろう。そうでなく、「神が彼を使って私たちの真の姿を教えて下さっているのだ」と、本当に受け取り得るかということが問題となっているのである。これは神からの恩寵がないと不可能だろう。

善太郎の逸話

アッシジの聖人に続いて、ある妙好人（篤信の浄土真宗の信者）のエピソードを紹介しよう。

善太郎はあるとき泥棒の疑いをかけられ、「お前、篤信と人から言われ、口にも念仏を唱えているが、泥棒をしているとは何事か！　この偽信者め！」とさんざん罵倒される。彼は、その言葉をそのまま受けとめていたという（のちに泥棒の疑いは晴れるが）。善太郎は「盗んでいない」と（いわゆる）事実を述べることもできたかもしれないが、それよりも、「念仏を唱えながら盗みをしている偽信者め！」という言葉の真実を、阿弥陀から自分に向けられた言葉として、身にしみる思いで受けとめたのであろう。

彼が生前に書き残してあったものが死後に発見されている（人に見せることを意図して書かれたものではない）。

善太郎は父を殺し、母を殺し
その上には盗人をいたし、人の肉を切り
その上には人の家に火をさし
その上には親には不孝のしづめ
人の女房を盗み
この罪で、どうでもこうでも
このたびとゆう　このたびは
はりつけか、火あぶりか、打首か
三つに一つは、どうでもこうでも　のがれられん

この善太郎は　過去も知らず
また今日の日のことも知らず
また未来の行く末のことは夢にも知らず
食いたい、飲みたい、着たいで
昨日も月日を送られ
今宵も送られて未来の近寄るを何とも思わず暮らすところに……

善太郎はどうしてこのような言葉を発し得たのだろう？
自分がいかにうかうかしたまま悪事に悪事を重ねて生きているか……。これはどこまでも深く、人間業を越えたものが絡んでいる問題なのだろう（ここでは二文だけを掲げたが、手記全体から感じられるのは、彼が本当にしみじみと、さまざまな感情を味わいながら、本当の喜びのなかに生きているということである。先に見たフランシスコの言葉が確信できるような、力強さに満ちている）。

私はうかうかしています

むかし中峯和尚という禅僧がいた。その座右の銘は現代でも禅の修行者に唱えられている。

形沙門に似て心に慚愧なく　（形は修行者の姿であるが、心に自分を恥じる思いはなく）
身に法衣を着けて想い俗塵に染む　（僧侶の衣を着けているが、思いは俗塵に染まっている）
口に経典を誦して心に貪欲を思い　（口でお経を誦しながら、心に貪欲を思い）
昼は名利に耽り夜は愛着に酔う……　（昼は名誉や利益への貪りに耽り、夜は愛欲に酔っている）

慚愧とは自分を恥じる思い。涅槃経にも「慚愧のない人は人間ではない」といわれているほど、仏教で重要なことであるが、「自分は修行者の形はしているが、心には慚愧がなく……」から始まって、外から見える姿と内実とが掛け離れている実態が具体的に述べられてゆく（後半では、仏道への志、決意が述べられる）。
これはいったい如何なる言葉なのであろうか？　ほとんどの坊主はまさにこのとおりだと思

う人も多いだろう。ただ、実態をそのまま叙述した言葉という側面があるのはたしかだが、そのように他者を判断することと、自分自身に対してその言葉を用いることとのあいだには、深い溝がある。また、「自分は慙愧がない」と痛感しているのなら、事実上、慙愧があるわけであるし、逆に、「慙愧なし」の現状に甘んじたまま口先だけで「自分は慙愧がない」と唱えているとしたら、たしかに自分のあり方の正確な叙述ではあっても、それは間抜けな姿である。

把握（自覚）を越えた側面

「言葉とは如何なるものか」（言葉そのものに潜む深淵）という問いもまた、本書を通底している。ここで見てきた言葉において、とりわけ言葉のもつ問題（秘密）が、底の見通せないさまざまな次元から立ち現われているのが感じられはしないだろうか。

先の「私が処置をし、神がこれを癒し給う」は、言葉そのものとも関わっている。つまり、言葉において、メッセージをできるだけ正確に伝えようとしたり、また受けとろうとしたりする努力が大切なのはもちろんであるが、それに加えて、言葉には「自分が把握（自覚）する」ということを越え出た側面があり、それが言葉そのものに潜む最大の秘密であるかと思う。

フランシスコや善太郎の例からも伺えるが、彼らは「偽信者であることを自分で把握（自覚）している」というより、そのような自覚は自分だけではできない、というところまでを痛感している。そのことが、善太郎が盗みの疑いをかけられた際のやりとりに現われているのだろうし、フランシスコの全生涯からにじみでている（下手に自覚したつもりの人は、「自分は罪や恥を自覚しているのに、人はそれをわかってくれなくて……」といったボロがおのずと出てしまう）。
また「心に慙愧なく……」の言葉は、真剣に発せられるとき、それは「自分は慙愧している」と把握（自覚）しての言葉ではなく、逆に「自分は真の慙愧はできていない」ということの痛感であり、さらには、そのことさえ自分（人間）の力だけではできないという告白でもある。ある意味では、人間業を越えたものへ向かっての言葉、すなわち「祈り」であるともいえよう。

人間業を越えたものといっても、良心的な外科医が細心の注意をはらい最大限の努力をするように、人間側のできる限りの努力と別ではないところが肝要である。「心に慙愧なく……」の後半では、現状を打破し仏道へ志す覚悟・決意が述べられていくが、これは「慙愧なし」と別ではなく一連のものであり、「慙愧なし」という一語にはらまれているものが展開したものといえる。その覚悟・決意に基づいた実践なしには、「心に慙愧なし……」も虚ろな言葉となってしまうわけである。この一連の言葉は、「自分が把握する言葉」というより、自分のすべてを投げ打って参じていくという参与・参究のなかでこそ意味が深まっていく言葉なのではなかろうか。

虚空の如くなる心

自分の把握（自覚）を越えた側面をイメージで表現すると、西行の言葉（明恵に語ったとされる）がしっくりくる。

我が歌を読むは、遥に尋常に異なり……。紅虹たなびけば虚空いろどれるに似たり。白日かがやけば虚空明かなるに似たり。然れども虚空は本明かなるものにもあらず、又色どれるにもあらず。我又此の虚空の如くなる心の上において、種々の風情をいろどると雖も更に　跡なし。

（……私が歌を読むのは尋常とはるか異なる。……虹がかかると、空はいろどられ、太陽が輝くと空は明るくなるが、空自体に色や明るさがあるわけではない。私が歌を読むのも、これと同様に、虚空のような心の上において、種々の風情をいろどるが、跡形を残すようなものは何もない。）

「虚空の如くなる心」とは、単なるイメージでなく、西行の歌に触れればわかるが、こころの苦悩が生涯続くなかで綿密な行が為されてゆく、その場所のことである。すさまじい苦悩のうちに発せられた言葉でありながら同時に、彼の歌は秋空のように晴れ渡っている（もちろんこれも「虚空に響いて跡を残さない言葉を発しよう」と意図して出来ることではない）。

部外第一篇で、モーツァルトの音楽（特にドン・ジョヴァンニ）とフロイトの語り口とで共鳴するものがあるという印象を述べたが、この西行の言葉は、モーツァルトの音楽ともよく共鳴する。モーツァルトの作曲したオペラは、「この場面でこの人物はこうした感情だから、それを表現するような音楽を作ろう」といった次元では作曲されていない。（聴く人がどう思うかも含めて）あれこれ考える次元を越えている。何らかの感情や教えなどを表現しようということも越え、虚空にただ鳴り響き、跡形を残すことのないような音楽である。だからこそ、オペラの登場人物たちの生き様が（さまざまな感情も含めて）私たちの目にまざまざと映り、そしてこころに直接しみじみと響いてくるのではないだろうか。

フロイトの実践

以上のことは、本書を振り返る際にも参考になる。

フロイトの夢解釈は、「夢のこの箇所には……と……の感情がはたらいており、……の出来事も関係している」というようなかたちをとっており、喩えるなら、色づけや色の分析をするような具合ではある。であるが同時に、尋常の解釈とは遥かに異なった側面を有する。それは、虚空のようなこころの上で種々の風情が彩られていきながら、なんら跡形を残さないような実践が目指されているように感じられる（それはほとんど不可能なことで、種々の妨げが現われつづけるので、実際上なされているのは、その妨げへの丁寧な取り組みであるが）。

「虚空の如くなる心の上において、種々の風情をいろどると雖も更に蹤跡なし」などといっても、それは意図して出来るものではない。「虚空のようなこころ」とは、先の銘と同じく、神の恩寵の領域であるとともに、人間側の最大限の努力があってはじめて意味をもつ領域といえるのではなかろうか。

実際、私たちのこころや言葉は滞り放しなわけだが、フロイトのいう「無意識」という語は、その滞りと関係していると考えられよう。

無意識の深層に達することができるのは、自己批判を脇へのけ、治療者がどう思うかを気にかけなくなったときのみです。

フロイトの語り口の秘密は、自己批判を越えたところ、人にどう思われるかを越えたところに関係している（もちろん、相手にどう伝わるかも含め、いろいろ考えているのだが、それに即しながら尚それを越えているのが、秘密としかよびようのないところ、私たち各自が参与していくことなしには伺い知れないところである）。彼の教育分析中の言葉をもういちど振り返ってみよう。

精神分析には一つの規則があります。すなわち、治療者は患者について正確な意味を見出そうと思いわずらってはいけないということです。治療者はそんなことに心をくだく必要はないのです。滞りを克服できるように患者に手を貸してさえいれば、結局は患者のほうで意味を見つけ出すものです。理由について話す必要はありません。やがて時がくれば理由は自ずから現われてくるものです。人が何かを私に話してくれた場合、私はその理由を考えようとはしません。理由はやがて現われてくるものだからです。

「こころの滞りの意味は？　その理由は？」と考えてわかろうとする。自分は理論の勉強や経験を積んでいるからこころのことを（相手より）よくわかっているだろうと思ったりする。それこそが滞りである。フロイトはそのような態度を捨てる方向性をもって知‐行を展開していった。「無意識」という語は、このような方向性（あるいは覚悟）を伴った実践のなかではじめて十全な意味をもつ言葉なのであろう。彼の知‐行は、「自分が把握する知識」というより、それを信じるほどに「意識的な目標観念を放棄し、繰り返し、『偶然』と思える導きに完全に身をゆだねる」というように、自分を投げ打ってゆけるものである。

自己の根本に参じてゆく

フロイトのそうした方向での実践の始まりが、夢の秘密が現われた《イルマの夢》の日であったといえよう。

そのフロイトの取り組みを理解する参考になると思われるので、東洋思想の最上のものとも言われている『華厳経』の一節を紹介したい。

「入法界品」は善財童子の修行過程を描いたものだが、彼は修行に踏み出す始めに、文殊菩薩に向かって「高慢を垣牆と為し……、染愛を深塹と為し……」と慚愧している。自分のあり方が高慢でよこしまな愛欲に満ちていることを告白しているわけである。さらに彼は文殊菩薩に対して「願わくば我を照らしたまえ」と祈り、道を求める決意を表明してゆくのだが、これも、慚愧・祈り・決意表明が別々というわけでなく、自分のあり方を高慢・染愛と認めること自体がすでに祈りであり、自分の現状を打破すべく努力していくことの決意表明でもある。

フロイトも夢に取り組む過程で、高慢や染愛（種々の愛欲）がはたらいていることに気づいていくが、これは単に願望を認識するという静的なことにとどまるものでない。それを越えた次元が切り拓かれており、多くの動きをはらんでいる。祈りや決意表明が直接になされているわけではないが、人間業を越えたもの（ダイモーンあるいは天使）との関わりや、覚悟を新たにして努力してゆくこと、それらと結びついた次元で言葉が発せられている。

それらの言葉は、私たち一人ひとりに問題（秘密）を投げかけているものであり、こころを関わらせながら読んでゆくなかで、各自のこころに何らかの動きを誘発し得るものであろう。

言葉には、外側から捉えるだけでは不充分で、私たちが関与し参究を深めてゆくことによってはじめて見えてくるダイナミズムがある。もちろん言葉には、辞書的に理解できる面もあるが、それをはるかに越えて、自分が言葉に参じ、そのことによって各自が鍛えられてゆくという面もあるように思われる。そして、その参究は、人間業を越えたものまで関わる種々の次元が絡み合いながら、どこまでも深みを増すもののようである。

そもそも本書のいちばんの目的は、フロイトの言葉を云々することではなく、その言葉を参究することで、私たち各自が、自己の根本にある問題（自分とは？　こころとは？　人との関係とは？）に参じてゆくことであった。「あれこれ考えるだけではこころの謎（秘密）は解決しない」という堅い覚悟のもと生涯奮闘していったフロイトの姿や言葉に触れることで、私たちが日々決意を新たに、それぞれの取り組みを深めてゆく契機になったとすれば、これにまさる喜びはない（かくいう私こそ、このままでは、ちょっとうっかりしているあいだに人生を終えてしまいそうだ。そんなところに滞っているのは間抜けである。また、ともに深めていきましょうとお誘いしながら、自身がのうのうとしているのも失礼である。そこで私も本書の出版を機に気合いを入れ直し、身を投げ打って奮闘してゆく覚悟である）。

＊＊＊　　＊＊＊　　＊＊＊

本書ができあがるまでに本当に多くの方にお世話になりました。その方々すべてに、この場をお借りしてお礼を申し上げたいと思います。ただ恩恵を受けた方の数は限りなく、とりわけお世話になった方のお名前しか挙げられないことをお許しください。

私が、臨床心理学を学んだのは京都大学大学院教育学研究科ですが、そこで教えを受けた諸先生、附属の心理教育相談室で出会ったクライエントさん方（当時私は、気負っていたり、気持ちが空回りしていて、あまりお役に立てなかったのみならず、御迷惑さえおかけしました）、また、ともに学んだ院生たちに感謝しています。そして心理臨床の実践をしたいくつかの現場のスタッフ、そこで出会ったクライエントさん方にも感謝いたします。

本書執筆において、いちばんお世話になった河合隼雄先生には、とりわけ感謝しています。本書の元は、「心理臨床学研究」誌に投稿した論文ですが、山中康裕先生にたいへんお世話になりました（掲載されるまで頑張らず失礼しました）。また小此木啓吾先生からは貴重なコメントを頂戴しました、ここにお礼申し上げます。本書の元になった別の論文（文部省科学研究）の際には、齋藤久美子先生のお世話になりました。私がフロイトを熱心に読むようになったのは、木村敏先生のお蔭でもあり（先生から「読む」姿勢の大切さを学びました）、感謝しています。また土居健郎先生には、励ましを受けたこと、疑問点に答えていただいたこと、ここに記して感謝いたします。それから、本書の元となる論文や草稿を読んで、御批判や御感想をくださった諸先生方、院生、友人たちに感謝いたします。

本書執筆の途上、たまたまドン・ジョヴァンニを観てあまりに感激したので、下手なりに自分でも歌えたらと思い、松村富也先生から歌の個人レッスンを受けましたが、それは執筆にとっても大きな意味をもつことでした。ここに記して感謝します。

臨済宗相国寺派管長の有馬頼底老師、大光明寺住職の矢野謙堂和尚に感謝申し上げます。

最後に、幾つもの草稿が一冊の本として生まれ変わるまでの道程をともに歩んでくださった編集者の津田敏之さんに深く感謝いたします。そして、本書を読んでいただいた読者の皆様に感謝いたします。

人との出会いにも感謝していますが、『夢判断』やドン・ジョヴァンニなど作品との出会いにも感謝しています。「私」という人間が先にあって、いろいろ経験していくというよりも、人や物や出来事などと、さまざまな出会いをしながら部分も全体も形成されていっているというのが実相だと思います。私が京都に来たのは、臨床心理学を学ぶためでしたが、フロイトとこのような出会いをするとは思ってもいませんでしたし、本書執筆の途上でドン・ジョヴァンニと出会ったことも予想を絶することでした。

いろいろな出会いの中で本書ができあがりましたが、これがまたどのようなめぐりあわせとなり、新たな出会いを読者や私にもたらしていくのか、楽しみにしています。

平成十三年　師走

相国寺 山内の 大光明寺にて

佐々木 承玄

それを読んで以来、それが、一種の旋律のごとく、しばしば、私の脳裡で鳴る。旋律を分析する事は出来ない。……解読を拒絶している一種の旋律……

この文章から十五年以上たってから執筆した「正宗白鳥の作について」で、『夢判断』を愛読したことを述べているわけであるが、『夢判断』を読みながら、同じような「解読を拒絶している一種の旋律」が鳴ったのかもしれない。「正宗白鳥の作について」のもととなる講演で小林は、白鳥の「一つの秘密」に関して話しているので、その作でも触れるつもりだったのであろう。

この作品の最後に小林は『ユング自伝』からヤッフェの解説を引いている。

心の現実に常にまつはる説明し難い要素は謎や神秘のままにとどめて置くのが賢明

と、ここで小林の文章は終わっている。小林はそれ以上書くことができずに死んでいった。「『夢判断』が「愛読」出来たといふ経験の賜物」という表現のある「正宗白鳥の作について」(七) は、彼の死後発見された絶筆である。

第三篇　奇怪な三角関係

1　小林秀雄1902年４月11日生まれ、中原中也1907年４月29日生まれ、長谷川泰子1904年５月13日生まれ。

2　このような事態が必ずしも特殊なことではなく、文壇において頻繁に起こる出来事であることを、件の三人の共通の友人である白洲正子が述べている。白洲は「私はそういう関係を見すぎた」という。そして、泰子と「同じ立場にいた女性」坂本睦子をめぐって次のように述べている。

……広い文壇の中で、尊敬されている先生から、尊敬している弟子へと、いわば盥廻しにされたのである。いずれも文壇では第一級の達人たちで、若い文士は先輩に惚れて、先輩の惚れた女を腕によりをかけて盗んだのである。

このような事態は、なにも文壇だけでなく、身近な友人関係においても同様の問題が起こり得るかと思われるが、如何なものか。

白洲はまた「中原中也の恋人を奪ったのも、ほんとうは小林さんが彼を愛していたから」と述べているが、その側面があったのは確かであろう。

3　小林はフロイトのことを次のように表現している〔「天命を知るとは」〕。

フロイトは、心理学を研究して、その進歩改良などを企てた人ではない。神経病という現に生きている謎の前に立ちつくした人だ。

まさにそのとおりであると私も思う。フロイトはもちろん、心理学の進歩も企ててはいるが、彼の心理学は、「現に生きている謎の前に立ちつくす」ことそのものである。

小林はまた次のように述べている〔「モオツァルト」〕。

心が耳と化して聞き入らねば、ついて行けぬようなニュアンスの細やかさがある。一と度この内的な感覚を呼び覚まされ、魂のゆらぐのを覚えた者は、もうモオツァルトを離れられぬ。

全く同感である。この小林の言葉をもじっていえば、「心を目と化して見入らねば見えてこないニュアンスの細やかさ」とでもよべようか、そうして読まないと立ち現われないものが、『夢判断』にはある。

4　小林は正宗白鳥の「一つの秘密」という文章について次のように記している〔「正宗白鳥全集」〕。

14　著作集11－13頁

15　著作集11－402頁

16　フロイトは最晩年の手紙でも次のように述べている〔1935年5月16日のサロメ宛の手紙、著作集8－425頁〕。

むろん私はさらにアンナの世話になることになるでしょう。メフィストフェレスがかつて言ったように、「最後にはわれわれは自分たちがつくったものに依存することになる」というわけです。とにかく彼女をつくったことはきわめて賢明なことでありました。

第二篇　結核性の恐ろしいもの

1　『硝子戸の中』の少しあとに発表された『道草』の最後にも、次のように記されている。

「世の中に片付くなんてものは殆どありゃしない。一遍起こった事は何時までも続くのさ。ただ色々な形に変るから他にも自分にも解らなくなるだけの事さ。」

ちなみに、『道草』のメインテーマは夫婦関係であるが、フロイトの自己分析での最大のテーマも実は夫婦関係ではないかと私は密かに思っている。

2　土居健郎は次のように述べている〔「甘え」さまざま』186～189頁〕。

まことに彼は己が希望通り一生狂気から見放されなかったと云うべきであろう。

私は、漱石においては精神の病がまずあってそれが創造の母胎となったというよりも、病と創造的行為が同時に起きており、むしろ創造的行為への意欲が病気を触発したとさえ見ることもできると考えているのである。

これは卓見である。フロイトの引用するハイネの詩も想い起こされる〔著作集5－119頁〕。

病こそはたぶん、あらゆる創造への衝動の、究極の根拠である。
創造しつつ、私は治癒でき、創造しつつ、私は健康になった。

12　本書では、アンナという名の数人の女性をめぐって、罪 Schuld や妊娠がテーマとなっている。関連すると思われるので「聖アンナ」について触れておきたい。

レオナルド・ダ・ヴィンチに、聖アンナと聖母子（マリアとイエス）、洗礼者ヨハネの四人を描いた絵があるが、フロイトは最晩年ロンドンに移って以降、その絵の複製を治療室に入るところの壁にかけている。この聖アンナはマリアの母親であるが、彼女がマリアを懐妊したことを、キリスト教信者（の一部）では「無原罪のお孕み」とよぶという。「罪のない子を孕んだ（と多くの人から思われている）アンナ」の絵を、治療室に入るごとに目にしながら、フロイトはなにを思ったことだろう？

ちなみにダ・ヴィンチは最晩年に、この絵をより発展させて「聖アンナと聖母子」を描いている。そこでは洗礼者ヨハネを省いているが、別に、「洗礼者ヨハネ」一人を描いた絵がある。ダ・ヴィンチが死ぬまで手放さずに持っていた三つの絵のひとつは「モナリザ」で、あとの二つがこの「聖アンナと聖母子」「洗礼者ヨハネ」である。この三つのすべてに、実に謎に満ちた魅力的な微笑（いわゆる「モナリザ風の微笑」）が描かれている。モナリザ、聖アンナ、そして洗礼者ヨハネという三者の微笑を、一つの謎（秘密）が貫いているとも考えられる。この三つの絵についてはフロイト自身、ダ・ヴィンチに関する論文で触れているが〔著作集３〕、これらを貫いている秘密は、解決されることのない謎として、フロイトだけでなく、それを見るすべての人に、なにかを訴えかけてゆくことだろう。

ルーヴル美術館でこの三つを鑑たが、特に「ヨハネ」の絵は実に魅惑的な雰囲気をたたえている。ダ・ヴィンチはなにを思って、これを描いたのだろう？　「ヨハネのインカーネーション（戻ってきたヨハネ）」が『夢判断』で大きなテーマであることを見てきたが、フロイトはこの絵を鑑てなにを思っただろう？

愛する人と別れたあとでその人への思いがより募ることは、よくある。これは異性間に限るものでなく、そこには同性／異性の両方が絡んだ、なにやら複雑なものが秘められているように思われる。この三枚の絵に描かれた微笑の秘密は、罪（償いや無原罪を含めて）のテーマと並んで、同性異性が絡む愛憎の謎とも関係しているようだ。

13　池田理代子－19頁

するとは何事か（お前は父ヤコブを愛してないのか）？」という目で見られたと感じたわけであるが、それに対して、言うに言われぬところが、その晩の夢をはじめ、さまざまに展開し、それが『夢判断』という作品に結晶したともいえるであろう。そしてまた、ゲーテの体験を論じている際に、「お前はヤコブを愛していないの？」という問いがおのずと自分自身にも突き付けられながら、新たに奏でられている（探求されている）のであろう。

11　前節で取り上げた、ティルグナーの死亡記事を見た後のフロイトの発作では、「完成したものを見ることなく死んだティルグナー」、すなわち「目的地に達することができないのか……」というテーマも鳴り響いたように思われる。フロイトは「モーセ」という人物への思い入れ（同一化）が激しいが、モーセは、「約束の地」カナンを遠くから眺めることはできるが決してそこに達することはできない、と神に言われ、実際にそうなる（モーセが鍛えた後継者ヨシュアがその地に踏み入ることになる）。

フロイトはユングに後継者としての大きな期待をかけ、1909年１月17日の手紙で次のように書いている。

> 私がモーセであるなら、あなたはヨシュアとして、私が遥か遠くから眺めることしかできない、精神医学という約束の地を占有するでしょう。

このような期待をかけたユングとも、数年後には溝の深さが露呈してくる。1912年頃の二人の葛藤の大きさは、ユングがフロイトへ宛てた次の手紙からもうかがえる〔1912年12月18日〕。

> 人の神経症は放っておいたらどうですか。なぜかというと、人の目に入ったゴミなど、あなたの目に入っている丸太に比べたら取るに足りないものでしょうから。

なんとも痛烈な批判である。これはフリースがフロイトへ投げつけた批判「あなたは、自分の思っていることを、人の中に読むだけの読心術者だ」を思い起こさせる。フリースの言も、ユングの言も、精神分析・臨床心理学の分野にとどまらず、人間のこころにまつわる究極的な問いであり、それはいま私たちにも投げかけられている。

ちなみに最晩年にフロイトは「モーセは約束の地を、遠くから眺めることさえもできず、旅の途中で弟子たちから殺されてしまった」というロマンスを展開する〔「人間モーセと一神教」著作集11〕。しごく荒唐無稽ではあるが、涙をさそう。

6　著作集2－409頁

7　本節の記述はシュールに負うところが大である。

8　キルケゴールは、「ドン・ジョヴァンニの生は絶望ではなく、不安のなかに生まれた感性の全威力であって、ドン・ジョヴァンニ自身はこの不安であるが、この不安はほかならぬデモーニッシュな生の歓楽である」といっている。これに倣えばフロイトの「死の不安」も、ほかならぬ「デモーニッシュな生」の輝きとなって現われているように思われはしまいか。

9　スタンダールは次のようにいっている。

ドン・ジョヴァンニの石像の答えの恐ろしい伴奏においてモーツァルトの才能は凱歌をあげる。それはあらゆる見せかけの偉大さや、誇張から脱却している。耳にとってのシェイクスピアの恐怖だ。

そのとおりだろう。たしかに「見せかけ、誇張」から脱却しているところが、ドン・ジョヴァンニの最も恐ろしいところかもしれない。

キルケゴールもまた次のように述べている。

〔ドン・ジョヴァンニは〕いっさいが純正な、飾り気のないパトスを、歓楽の情熱と同様に厳粛の情熱を、享楽の情熱と同様に怒りの情熱を持っている。

たしかに「歓喜・厳粛・享楽・怒り」等を全て含んだ「飾り気のないパトス」が、ドン・ジョヴァンニ全体を、そして『夢判断』全体を貫いている。

10　ゲーテの幼児期の体験に関して、フロイトが取り上げて論じているところを紹介しよう〔著作集3－322頁〕。

ゲーテが10歳に近い頃、三つ歳下の弟ヤコブが亡くなった。が、それに対して、ゲーテは悲しい様子を見せなかったという。それを不審に思った母がゲーテに「お前は弟（ヤコブ）を愛していないの？」と尋ねた。その時のゲーテの行動が次のように記されている。

彼は自分の部屋に走って行って、課業のことやお話などの書き込まれた一束の紙をベッドの下から取り出してきて、これはみんな弟に教えてやろうと思って自分で作ったのだと母に告げた。

弟を愛していたか、いなかったか、二者択一で答えられることでないであろうし（「愛憎の両方があって葛藤している」と答えてすむことでもないであろうし）、その言うに言われぬところが、ゲーテのこのような行動となったといえるだろう。

フロイトは、父ヤコブの葬式に遅刻してしまい、「大事な父の葬式に遅刻がらに訴える。ジョヴァンニは、彼女を虚仮にした態度。ここでまた、エルヴィーラとレポレッロが「不実なこころの奴！」と完全にハモる。その後の三重唱。

エルヴィーラ：このろくでなし！　悪行を続けたままでいるがいいわ！

レポレッロ：彼女の苦しみにこころを動かされないなんて、こいつは人間のこころをもっちゃいない！

ジョヴァンニ：女性、万歳！　美味しいワイン、万歳！　これが男の支柱・栄光だ！

最後、ジョヴァンニはエルヴィーラにワインをぶっかけ、彼女は泣きながら出てゆく。

三人が「互いにわかり合って」いるわけでは全くないが、これがモーツァルトの素晴らしい音楽にのって、実に見事なハーモニーを奏でる。——

ナンセンスと思われる方もあるかもしれないが、私としては、そうとう真に迫ったものであると感じている（口説くときは「大事にするよ」と言いながら、結婚後は変わってしまうというのは、多かれ少なかれあることだろうし、酒をぶっかけるどころか、暴力をふるう夫も大勢いるわけだから）。

「『私』のハーモニー」を越えたリアルなハーモニーが奏でられているところに、ドン・ジョヴァンニのすごさがある。

4　小林秀雄は、ゲーテが『ファウスト』第二部の音楽化というほとんど不可能な夢に憑かれていたことを記した後で、次のような表現をしている。

彼〔ゲーテ〕の深奥にある或る苦い思想が、モオツァルトという或る本質的な謎に共鳴する。

これは「フロイトの深奥にある或る苦い思想」「フロイトという或る本質的な謎」とも共鳴するように感じられる（小林自身も晩年にそう感じたであろうことについては、部外第III篇で見る）。

5　ゲーテは次のようにも言っている。

人間の意志と力でもって、モーツァルトの作品のようなものは作り出せないだろう。

モーツァルトも、音楽における達しがたきものとして、ダイモーンによって生み出されたのだ。

また『ファウスト』とドン・ジョヴァンニに共通する謎「デモーニッシュなるもの」に関しては、キルケゴールをはじめ多くの先達が言及している。

だ。だが例えば、こころの調和を感じている（と思っていた）恋人や夫婦が、後になってそれが錯覚であったことがはっきりし、愕然としたり、あるいは一方は「互いに調和している」と思っていても他方は窮屈な思いでいる、などということもよくあることだ。

ドン・ジョヴァンニにおけるハーモニーは、「互いが理解し合って」というのと次元が全然違うものである。台本の一部を意訳しながら紹介しよう（もちろん台本だけで伝えられるはずはないので、ぜひモーツァルトの作曲した音楽を聴いていただきたい）。

——あるときジョヴァンニは、エルヴィーラの女中を口説こうと狙いを定め、服を着替えてレポレッロと姿を入れ替えている（エルヴィーラをどこかに追いやりたいと思っている）。エルヴィーラは、ベランダでジョヴァンニへの恨みと同時に彼への愛を捨てきれないことを歌っている。（ジョヴァンニの姿の）レポレッロが演技をし、ジョヴァンニは彼女から見えない場所から「私は心を入れ替えました、今後あなただけをずっと愛します」などと言う。そこでの三重唱。

ジョヴァンニ：信じてください、でなければ私はここで自殺します。

エルヴィーラ：あなたの言うことなんか、信じるわけないでしょう！

レポレッロ：（剣を胸にあて、自殺しますという演技をしながら）**これ以上続けたら私、笑っちゃいますよ。**

結局エルヴィーラは迷いながらも、ジョヴァンニを信じる方に心が傾いてくる。そこでの三人がこころでつぶやくセリフの三重唱。

エルヴィーラ：あぁ信じていいのかしら？　何という試練でしょう。

レポレッロ：この嘘つきが、また彼女をだましたぞ。

ジョヴァンニ：してやったりだ。

さらにエルヴィーラは「私の信じやすい心をお守りください」と歌い、レポレッロは「彼女の信じやすい心をお守りください」と歌うが、ここは（異なる音程で同じメロディーで）ハーモニーがきまる。その合間をぬって、ジョヴァンニは「私ほど豊かな才能の持ち主はいないぞ」と歌う。

エルヴィーラはコリナイ人で、いくらジョヴァンニに虚仮にされても、彼への（憎しみと同時に）愛情も抱きつづける。（地獄落ちへといたる）晩餐を楽しんでいるジョヴァンニのところに行って「私の愛からの最後のお願いがあるの。私を愛して、とはもう望まないわ。……ただ、生き方を改めて」と涙な

1　これは召使レポレッロが、ジョヴァンニに捨てられた女性エルヴィーラに対して「このカタログを一緒に読みましょうよ」といって、ジョヴァンニが関係した女性のことを記したカタログを広げながら歌うアリアである。

イタリアでは六百四十人、ドイツでは二百三十一人、……だけどスペインではもう千三人……

この中には、百姓娘あり、女中あり、都会の娘あり、それに伯爵夫人、大公令嬢、王女様もいるし、あらゆる身分、あらゆる姿かたち、あらゆる年令の女性がいますよ……

老女も口説いてリストに入れるけれども、彼が一番熱をあげるのはうら若き処女……

エルヴィーラは、ジョヴァンニから愛され結婚したのは自分だけだと思っていたに違いない。それが、このスペインでの千三人のなかの一人にすぎないと知り、どんなにかショックを受けたことだろう。レポレッロが歌うのを聴いているうちにショックが深まって、床にへばりつき、ほとんど死にそうになっているエルヴィーラ。それでも容赦なく歌いつづけるレポレッロ。

非常に残酷な話だ。なかには、とんでもないと怒る人もいる。ベートーヴェンは、「ドン・ジョヴァンニやコシ・ファン・トゥッテのようなオペラは私には作曲できないでしょう。こうしたものには嫌悪感を感じるのです」と言っている。とりわけカタログの歌などは、ベートーヴェンには、腹が立って腹が立って、とても作曲などできないであろう。

しかし考えようによっては、屈辱を受け死にそうになっているエルヴィーラを前にして、この曲がより引き立っているわけであるし、それを聴いて怒っているベートーヴェンのような人がいて、さらに引き立っている音楽ともいえようか。

2　海老沢敏や永竹由幸の訳を参照

3　「こころのハーモニー」という言葉からは、それぞれが自分らしさを発揮しながら、相手を認め合い、互いのこころの調和が見られる、というような印象を受けるであろう。そのような人と人とのこころの調和はとても大切

った最高の被造物」として愛したこと、コカイン中毒にして死なせてしまったこと、《Non vixit の夢》では「フライシュルも亡霊にすぎず……」と大喜びしたことなど、フライシュルに関してもさまざまな思い出が渦巻いているであろうが、セラピー室に入るごとに彼の写真を目にしながら、フロイトはどのような思いを抱いたのだろう？

2　「ソフィーで代用したい」と述べられていた《イルマの夢》から三十八年、ソフィーとパネトから大金をもらって喜んでいた手紙からは実に四十九年の歳月が経っている。ここで「時間」ということも大問題である。亡くなった娘ソフィーの写真を繰り返し見るフロイト、あるいは同じことの繰り返しのように見える「いない／いた遊び」を続けるエルンスト、ここに流れている時間とは、いったいどのようなものだろうか？

単に「地球が太陽の周りを四十九回まわった」という事実だけでは、そこには、回数や場所の移動ということはあっても、時間の「時間」たるゆえんの本質はない。時間の本質は、対象化されて考えられたところにはなく、現に見たり聞いたり語ったりしている私たち各自の、その都度の関わり・体験と関係したところにあるようである。自分自身が必ず（自ずと）関わりながら、さまざまに輻輳した（悲哀などの）仕事が分かちがたく一体となって進んでいく、その一つの次元を、私たちは時間として体験し、「時間」とよんでいる、といったほうが適切であろう。

3　オイディプスは未亡人であった王妃と結婚するが、のちになって、その妻が実の母親であることを知る。それを知った日、二人いる自分の娘（ということは同じ母親から生まれた妹）に対して、次のように言う。

おもえば何というつらい人生が、お前たちにのこされていることだろう。……お前たちの行末は目にみえている――子を生まぬまま、嫁がぬままに、お前たちは凋み果てねばならぬのだ。

この娘（かつ妹）の一人であるアンティゴネが、放浪の旅に出る盲目となった父（かつ異父兄）オイディプスの世話をする。

フロイトは晩年、娘アンナを「私の忠実なアンナ－アンティゴネ meine treue Anna - Antigone」とよんでいる〔1935年5月2日ツヴァイクへの手紙、著作集8－424頁〕。

9　岩波文庫から〔ブルータス、マリウス・カエサルと、名前だけ変更〕。
10　著作集2－398頁
11　著作集8－431頁
12　この手紙の九年後にフロイトは、息子を亡くしたビンスワンガーへ宛てて「そのような喪失の後の急激な悲しみはやがて過ぎ去るものとわかってはいても、慰められはしないでしょう……それこそ愛を持続する唯一のしかたなのです」と書いていることを第七章で見た。その手紙や、「より高い力」とも関係すると思われるところを、ドストエーフスキイの『カラマーゾフの兄弟』から見てみたい。

その小説の第二編で、わが子を亡くし慟哭している母親に対して、ゾシマ長老は次のように言う。

ああ慰められぬがよい、慰められることはいらぬ、慰められずに泣くがよい。……お前の母親としての大きな歎きはまだまだつづくが、しまいにはそれが静かな悦びとなって、その苦い涙も静かな感動の涙、罪障をはらい心を浄める涙となるであろう。

第五編でも「昔の悲しみは人生の偉大な神秘によって、次第次第に静かな感激に充ちた悦びと変ってゆく」と述べられている。悲しみが、慰められないまま、このような変化を遂げてゆくことがもしあるとしたら、それは人間を越えた力からの恩寵であろうし、「人生の偉大な神秘」といわざるを得ないであろう。
13　著作集5－357頁
14　著作集6－385頁
15　著作集6－403頁
16　著作集1－430頁

終　章　終りのない悲しみ

1　娘ソフィーの写真は懐中時計につけていたが、セラピー室の寝椅子のすぐ上の壁には、エルンスト・フライシュルの写真が掲げられている（最晩年、ロンドンに移り住んでからは、セラピー室に入る区切りの壁にかけられた。それはロンドンのフロイト・ミュージアムで今でもそのまま目にすることができる）。「神のつく

たが、それは自分の存在とも深く関係していたようである。ここで引用したあと一頁ほどでこの小説は終わり、最後に次のように記されている。

「豊饒の海」完。昭和四十五年十一月二十五日

この日のうちに、三島は自決している。

7　著作集6－157頁

8　灰谷健次郎に『子どもの隣り』という作品がある。主人公は4歳くらいの男の子タアくん（母親を亡くしている）。

最後の場面。保育園で兎が生まれたが、すぐに死んだので、子どもたちはその兎をけやきの木のそばに埋めた。他の子どもたちがその場を去ってからも、タアくんだけはじっとその場にいた。保母さんが近づいてみると、タアくんは次のようにつぶやいていた。

死んでも、死んでも、死んでも、死んでも、死んでもいい。ここにおるもーん。
死んでも、死んでも、死んでも、死んでも、死んでもいい。また、生むもーん。

人間のこころはどうしてこのような言葉を生みだすのだろう。河合隼雄は、『子どもの宇宙』『臨床教育学入門』でこの話をとりあげているが、「これは本当の『お経』である。魂に達する言葉である」と述べている。また、「タアくんの魂が演出したお葬式」とも表現している。

フロイトは『夢判断』を「父の死に対するリアクション」とよんでいるが、河合の表現を借りれば「フロイトの魂が演出したお葬式」ということになるだろう。次のような解釈は、表現の仕方はタアくんと少し異なるが、「魂に達する言葉」という点では、タアくんにまさるとも劣らないものである。

かけがえのない人間はいない。見ろよ、幽霊ばかりじゃないか。失ったものはすべてまた戻ってくる。

「見ろよ」からわかるように、自分で驚きながら書いているわけであるが、どうして人間のこころからこのような言葉や行為が生みだされてくるのだろう、という驚異の念がフロイトの解釈を貫いているように感じられる。

ここで「魂に達する言葉」かどうかは、受け取る側の態度まで含めて問題となるところである。死んだ兎の墓の前で「死んでも、……死んでもいい。また、生むもーん」とつぶやくタアくん、「いない／いた」と言いながら糸巻きで延々と遊びつづけるエルンスト、自分の子どもに憧れの男性やその妻の名前をつけ「失ったものはすべてまた戻ってくる」と書くフロイト。——これらは一体どのような事態であろうか。

5　著作集 6 －156頁
6　三島由紀夫にライフワーク『豊饒の海』全四巻があり、これは、「いわゆる『輪廻転生』を根本主題にした、壮大華麗な物語」〔新潮文庫の解説から〕である。主人公は本多という人物で、清顕という人物や、清顕の輪廻である（らしい）幾人かの人物との関わりを描いた長編小説である（第三巻『暁の寺』では、「輪廻転生の『主体』をめぐる理論的困難」、唯識論でいわれる「阿頼耶識」の問題への取り組みもテーマとなっており、フロイトの体験や理論構成との関連も考えられ興味深い）。

この小説の最後の場面で、本多は、輪廻の最初の人物である清顕と極めて関連の深かった人物（門跡）を訪ねて、清顕のことを話題にするが、門跡は清顕のことを知らないと言う。

そんなお方は、もともとあらしゃらなかったのと違いますか？ 何やら本多さんが、あるように思うてあらしゃって、実ははじめから、どこにもおられなんだ、ということではありませんか？

本多は、家系図や戸籍で確認できることだろう、と言うが、門跡は本多に次のように言う。

俗世の結びつきなら、そういうものでも解けましょう。けれど、その清顕という方には、本多さん、あなたはほんまにこの世でお会いにならしゃったのですか？

「しかしもし、清顕君がはじめからいなかったとすれば」と本多は雲霧の中をさまよう心地がして、今ここで門跡と会っていることも半ば夢のように思われてきて、あたかも漆の盆の上に吐きかけた息の曇りがみるみる消え去ってゆくように失われてゆく自分を呼びさまそうと思わず叫んだ。「それなら、勲もいなかったことになる。ジン・ジャンもいなかったことになる。……その上、ひょっとしたら、この私ですらも……」

この小説を紹介したのは、ここで表現されているような体験をフロイトもしたのではないか、と想像されるからである。また、エルンストの「いない／いた遊び」においても、母親の代用と思われる糸巻きの消滅と再現、そして自分自身の姿を鏡の中から消し去って「いないいない（オーオー）」というなど自分の消滅がテーマとなっていたが、そのような意味をより深く味わうのに参考となると思われるからである。

三島は最後の小説で「輪廻転生」という形で「いない／いた」を問題とし

フロイトの文章には、ここで述べられているような「死者に対する礼儀」が貫かれていると感じられる。フロイトは「簡単に後悔なんか」していないし、また「後悔する資格はない」のであろう。自分の罪悪に無自覚であっていいわけはないし、単に後悔したり告白したりすればいいものでもない。また、しなければよいものでもない。フロイトから学び得る最も貴重なことは、ここで述べられているような「礼儀の問題であり、節度の問題」であり、そしてそれは生きる覚悟の問題ではなかろうか。それは私たちがどこまでも学びつづけていかなければならないことである（そのような問題をさしおいて幾ら「罪悪感」を論じても、どこか的外れになるおそれがある）。

4　芥川龍之介も同様の闘いを「闇中問答」に記している。この作品は、「僕」と「ある声」の三つの対話から成る（最後に僕は「芥川龍之介！ 芥川龍之介、お前の根をしっかりとおろせ」と自分に呼びかけており、僕が作者自身であることがはっきりと表されている）。

第一の対話で、以下のような会話をしている。

ある声「ではなぜお前は死なないのだ？ ……罪人ではないか！」

僕「僕はそれも承知している。……」

ある声「しかしお前は贖わない。」

僕「いや、僕は贖っている。苦しみにまさる贖いはない。」

ある声「お前は仕方のない悪人だ。」

この対話の最後で僕が「目に見えないお前は何ものだ！」と問いかけると、ある声は答える、「俺か？ 俺は世界の夜明けにヤコブと力を争った天使だ」。

第二の対話相手「お前は犬だ。昔あのファウストの部屋へ犬になってはいって行った。悪魔だ。」

第三の対話相手「お前は僕らを越えた力だ。僕らを支配する Daimon だ。」

ヤコブと闘った天使も、悪魔メフィストフェレスも、ダイモーンも、フロイトが身近に関わらざるを得なかった相手である。芥川の「暗中問答」を紹介したのは、フロイトも芥川と同様の対話・闘いをしたことだろうと推測されるからである。フロイトは天使との闘いでギブアップし、自分が弱者であることをはっきり述べているが、闘いを止めてはおらず（あるいは止めたくても止めることができず）、生涯闘いつづけた。

ちなみに、天使に「なぜお前は死なないのだ？」と言われていた芥川だが、「闇中問答」は、彼が自殺した後に発見された遺稿である。

の「デモーニッシュなるもの」に関する文章を賛意を示しながら引用するが、ゲーテよりもさらに、私たちの生きている日常の根柢にデモーニッシュなるものがはたらいていることを捉えている。

デモーニッシュと云ふことは、或特殊の人特殊の事件について云はれるが、私はそれは歴史的形成作用の根柢に於て云はれなければならないと考へるのである。我々の歴史的生命は本質的にデモーニッシュでなければならない。

西田は、「特に哲学の如きは最もデモーニッシュと云ひ得るであらう」というが、心理学においても、人や自分のこころのこと（欲望や関係性など）をすべて「対象」のこととして云々する心理学は別として、現にはたらいているこころそのものが問題化されるとき、そこにはどうしてもデモーニッシュなるものが関わってこざるを得ないと思われる。

3　フロイトは、自分が実にひどいことをしてきたことに、自己分析の過程で気づいていくが、「ひどいことをした」と後悔したような表現はなされていない。これに関することで、村上春樹の『ダンス・ダンス・ダンス』のなかに非常に示唆に富んだ言葉があるので紹介する。

ユキという13歳の女性は、母親の愛人であるディック・ノースという男性のことを良く思っておらず、生前は悪く言っている。その男性が交通事故で急死し、その後でユキは、「でも今思うと悪い人じゃなかった」と彼の良かった面をいろいろと回想し、「自分がひどいことをしたような気がする」と語る。それに対して、僕は次のようにユキに言う。

そういう考え方は本当に下らないと僕は思う。後悔するくらいなら君ははじめからきちんと公平に彼と接しておくべきだったんだ。……でも君はそうしなかった。だから君には後悔する資格はない。全然ない。……ねえ、いいかい、ある種の物事というのは口に出してはいけないんだ。口に出したらそれはそこで終わってしまうんだ。身につかない。君はディック・ノースに対して後悔する。そして後悔していると言う。本当にしているんだろうと思う。でももし僕がディック・ノースだったら、僕は君にそんな風に簡単に後悔なんかしてほしくない。口に出して「酷いことをした」なんて他人に言ってほしくないと思う。それは礼儀の問題であり、節度の問題なんだ。君はそれを学ぶべきだ。

その少しあとでユキが「いったい私はどうすればいいのかしら？」と尋ねると、僕は答える。「何もしなくていい。言葉にならないものを大事にすればいいんだ。それが死者に対する礼儀だ。」

12　次の文章はフロイトの理論にもあてはまるように思われる。東洋思想において極めて重要な『大乗起信論』に関する井筒俊彦の言葉〔13頁〕である。

『起信論』の思想スタイルの第二の特徴は、思惟が、至るところで双面的・背反的、二岐分離的、に展開するということである。言い換えるなら、思惟の進み方が単純な一本線でない、ということ。そこに、この論書の一種独特の面白さ、と難しさ、とがある。

全体が、一分の隙もなく、ガッシリと論理的に組立てられ、一糸乱れず理路整然たる構造体の観を呈してはいるが、その内部に踏みこんでみると、強靱で柔軟な蛇行性を以て思惟が流れているのを、我々は見出す。

13　ブラントン－75頁

14　著作集11－225頁

15　ブラントン－45頁

16　ブラントン－49頁

第九章　ダイモーン的側面

1　著作集２－502頁

2　参考になると思われるので、ゲーテと西田の言葉を引用したい。

フロイトは重要な箇所でよくゲーテを引用する。そのゲーテ自身、デモーニッシュなるものに関してしばしば言及している。

デモーニッシュなるものは、矛盾のうちに現われ、それゆえに、いかなる概念によっても、ましてやいかなる言葉によっても、とらえることができない。

デモーニッシュなるものはあくまでも積極的な行動の中に現われる。

デモーニッシュなるものに向かって、よく対抗することも、また努めなければならぬ。

そして「このデモーニッシュなるものが最も恐ろしい威力を発揮するのは、それが誰か一人の人間に、圧倒的な力をもって現われる場合である」と述べ、その実例として、モーツァルトやシェイクスピアやナポレオンなどを挙げている（ゲーテやフロイトも、その実例に入っていると見なし得る）。

また西田幾多郎は、意識的反省を越えた徹底的な取り組みをし、そしてそれを言葉にしようと奮闘している点でフロイトと共通する。西田は、ゲーテ

1　著作集９－86頁
2　指導的立場にある精神分析家が「長い経験を積めば、患者により驚かされることがなくなるので、もう驚かなくなることが成熟した臨床家の印である」と語ったと、ある本に記されている〔オレンジ他－29頁〕。たしかに、学んだり経験を積んだりして物事を多く知っていくようになるべき面もあり、それが重要なのはもちろんだが、それと別次元のところに本質があるように思われる。フロイトの態度、あるいはその目指す態度は、この分析家とは全く異なる。フロイトは次のように述べている〔著作集９－81頁〕。

意図をもたずに対処し、あらゆる変化にびっくりさせられ、繰り返しとらわれなく、前提なく、取り組むような場合が、最も成果をあげる。

「驚かなくなることが成熟したしるし」というような思いがフロイトの態度と全く別物であることがわかる。しかし迂闊に学ぶと、ここに記した精神分析家のように思ったりしがちである。
3　著作集９－86頁
4　著作集９－79頁
5　著作集９－62頁
6　著作集６－57頁
7　ブラントン－50頁
8　著作集６－409頁
9　著作集９－90頁
10　著作集２－430頁
11　フロイトは「快感原則の彼岸」において、自分が展開した心理学に関して次のように述べている〔著作集６－190頁〕。

私は自分でそれを納得していないし、人に信じさせようとも思わない。より正確に言えば、私はどの程度信じているのか、自分でわからないのである。

解釈にせよ理論にせよ、本当に真剣に発せられた言葉というのは、こういうものであるかもしれない。それを勝手に理解した気になって「説明原理」として用いるのは迂闊なことだと思う。

イトが槍玉に挙げられたりもしている。マッソンから引用しよう〔133頁〕。

誘惑が実際に起こったか、それとも単なるファンタジーかどうかは重要でないと、フロイトは言っている。重要なのは、心理的効果であり、この効果は、その出来事が実際に起こった場合と空想された場合とでの違いはない、とフロイトは言っている。だが本当は、実際に起こった出来事か空想されたものかでは、その効果には本質的な違いがある。

幼児期に性的暴行を多く受け、そのことで苦しんでいる人に対して、「その記憶が実際に起こったことに基づいているかどうかは重要ではありません」と告げることは、その人に対してさらなる暴行となり、破滅的な影響を及ぼすかもしれないものである。実際の記憶は、外的世界からの確証を必要としている――この記憶を他者が否定することは、現実の崩壊、そして精神病へと人を導き得ることである。個人の記憶に対する関心の欠如 lack of interest は、その人の統合性への暴行となる。

マッソンは躍起になって、下手に「心的現実」を理解することの害を訴えている。患者の言うことを「あなたの言っていることは心的現実で、実際に起こったこと（事実）ではない」と受け取ることは、いかに「心的現実を大事にしている」といっても、やはり現実を軽視していることに違いない。

フロイトのこの転換は、患者の話により深く関心を傾けて真剣に聴いていく方向への転換なのであるが、下手に心的現実を受け取ると「関心の欠如」となってしまうところに、問題の微妙さ・困難さがある。

13　具体的な例でいえば、当時フロイトは、イルマをはじめとして自分が治療していた女性患者を何人もフリースに紹介し、鼻の手術をしてもらっている。フロイトは、ヒステリーと性との関係に注目し、フリースは鼻と性との関係に着目し、一方は心から、他方は体から、それぞれ「性に関係している」と思いながら、同一の女性患者を診ていたのである〔第II部〕。それは、女性患者を治療するというかたちをとっているが、実は「ヨハネと二人でパウリーネから花束を奪うということをしていたのか」と、自分のしていることが見えてきたのだといえる。このように、「思い出」に取り組む過程で、自分が現実に何をしているのかが照らされていく面があるといえるだろう（同時に謎も深まるのだが）。

14　著作集6－52頁

9　小此木啓吾（1979）－120頁

10　悲哀の仕事は、単に「悲しい」という感情にとどまるものではない。《Non vixit の夢》でフロイトは、ヨセフを睨み殺して「むしょうに嬉しく」なっているし、その解釈においても、フリースに娘パウリーネが生まれて非常に「満足」したことなどを述べているが、そういう喜びや、フリースなど関係の深い人たちへの迷惑と思われる行動まで貫いているものとして、悲哀の仕事とよんでいいのではないだろうか。

「悲哀」は単なる心理状態というより、Trauer Arbeit（悲哀の仕事）として一体のものであり、心理状態と行為と分ける以前の現成しつつあるはたらきともいえよう。このような観点から「解釈」も見直されてよいかもしれない。解釈を単に知的・抽象的なものと考えるのは、それこそ空想のようなことであり、実際にはすべて、何らかの点で（re-）action（行為、反応）であり、自己表現・自己形成である。そこを踏まえると、解釈や言葉というものを別の角度から見ることができるかと考えられる。

11　著作集１－304頁

12　フロイトは、先に引用した「誘惑理論の放棄」の手紙のあと、幼児期の思い出に関して、母親と実際に連絡を取り、母の記憶と照合したりもしている。そこをクリュルは「フロイトの夢の回想が確証されたこと〔フロイトの思い出が母の記憶と合致したこと〕を、彼が行なっていた議論の一つ――無意識においては真実と虚構とは識別することができないと彼は主張していた――の反証とも見なすことができたかもしれない」などと論じている〔『クリュル－84頁〕。

たしかにフロイトは母親と連絡を取り、自分の幼児期のことを聞き、それで思い違いに気づいたり、思い出が正しいと思われる確認を得たりもした。しかし、クリュルが議論しているように、「事実が正しく想起されたものか、作り上げられたものか」という次元とは違うことである。探求の過程には、自分で確認したり、人から話を聞いたりして、現実の探索をしていく側面は含まれているが、（いわゆる）事実かどうかの確認というのとは違った次元での探索が重要なポイントとなっている。

的をはずした議論をしているだけなら害は少ないかもしれないが、下手に「心的現実」を理解した人のセラピーに実害が出てくることも問題となっている。フォルス・メモリー・シンドロームなる語も作られて論じられ、フロ

第七章　展開的側面

1　著作集８－333頁

2　著作集２－96頁

別の箇所でもフロイトは、どんなに見事に解釈された夢においてもしばしば「はっきりしない箇所」があるとして、それを「夢の臍」とよんでいる〔著作集２－432頁〕。

……それは夢の臍、つまり夢が認識できないものに結びついている個所である。解釈の際に私たちが突きあたる夢思考は一般的には完結しないものであり続け、四方八方に向かって私たちの観念世界の網の目のような迷宮に終らざるを得ないものである。この編み目のうち比較的目のつんだ個所から、やがて夢の願望が、ちょうど菌類の菌糸体から菌が頭を出すように、頭をもたげてくるのである。

3　著作集８－337頁

4　著作集８－336頁

5　西田幾多郎は愛娘を亡くした後の手紙で次のように書いている。

丁度五歳頃の愛らしき盛の時にて常に余の帰を迎へて御帰をいひし愛らしき顔や余か読書の際傍に坐せし大人しき姿や美しき唱歌の声やさては小さき身にて重き病に苦しみし哀れなる状態や一々明了に脳裡に浮ひ来りて誠に断腸の思ひに堪えす候。余は今度多少人間の真味を知りたる様に覚え候。小生の如き鈍き者は愛子の死といふことき悲惨の境にあらされは真の人間といふものを理解し得すと考え候。

感受性の強靱さ細やかさをもっていればこそ、このように感じ得るのであろうか。西田もフロイトも、徹底的に考え抜くすさまじい気迫と、感情の強靱さ繊細さの点で共通していると思われる。ひょっとしたらフロイトも愛娘ソフィーを失ったことで、「こういう悲惨の極みの時でないと、自分のような鈍い人間は、大事なことは考えもしない」と思ったかもしれない。

6　著作集８－389頁

7　著作集２－87頁

8　著作集２ではこの序文は省かれている。日本教文社『夢判断 上』６頁。

週間たつと、彼女を意地が悪いといって責め、嫉妬で苦しめることしか知らないのだ。……

……マルタのような少女が私を好んでいてくれる時に、どうしてマックス・マイヤーなる人物など、あるいは無数のマックス・マイヤーといえどもおそれることがあろうか。

この三十年後にハンブルクに住むマックスが、娘ソフィーの婚約者として突然現われたわけで、フロイトにしてみれば、「出たな、マックス」といった心地だったかもしれない。

3　父娘のあいだでひと悶着あったことが、その後のいくつかの手紙からうかがえる。フロイトは7月24日のハルバーシュタット宛の手紙で「ソフィーは私たちに対してまだ戦術を続行しています」と書いている（彼のような父親をもった娘の苦労がしのばれる）。

娘の結婚は喜ばしいことではあるが、親としては「棄てられた」という思いもあるのだろう、9月17日のハルバーシュタットへの葉書の最後に「子どもに棄てられた父親より」と署名している〔ゲイ - 364頁〕。

4　初孫が生まれた日の葉書でフロイトは次のように書いている〔フェレンツィ宛、1914年3月11日〕。

この夜中の三時頃、男の子（が生まれた）。初孫！　驚くべきことだ！　年をとったという気持ち（がする）。性の驚異を前にしての畏敬の念！Respekt vor den Wundern der Sexualität !

感嘆符つきの名詞が三つ並べられている。フロイトの驚き、喜び、畏敬の念がそのまま伝わってくるような手紙である。ここからもフロイトが、性に還元して説明した気になっていたのではなく、性の驚異・神秘に打たれ、畏敬の念を抱く人であったことがわかる。亡くなる二年前の論文でも「性というあの偉大な謎」という表現をしているが、この「性という秘密」に対する「畏敬の念」はフロイトが生涯もちつづけたものである。

5　「いない／いた遊び」に関しては著作集6 - 155～158頁に記されている。

6　《息子の戦死の夢》に関しては著作集2 - 459～461頁に記されている。

すこし背景に触れておこう。この手紙では詩の直前に、フリースの妻イーダと話したこと（そして彼女とおそらくもう会えないと思っていること）が記されている（ちなみにフリースの妻は、ブロイアーの元患者）。またこの前日、イーダ・バウエルという18歳の女性患者から治療の中断を申し渡され、フロイトはショックを受けている（その患者に関しては、のちに仮名ドーラとして症例研究が発表される。ちなみに、第三章でアンナ.Oがブロイアーの子を想像妊娠した話を取り上げたが、それと重なる時期に、ブロイアーの妻マティルデが娘を出産している。その名がドーラ。イーダ・バウエルも同年に生まれている。彼女の仮名をドーラとしたことには、ブロイアーの娘ドーラ、そしてアンナ.Oの申し子のイメージが重なっていると思われる）。――以上のことから、「ブロイアーやフリースの背後にいる女性たち」にまつわるさまざまなイメージが重なり合っていることが察せられよう。

第六章　彼女が本当に「いない」となった日

1　著作集8－296頁

2　ハンブルクのマックスが娘ソフィーの婚約者として突然現われたわけだが、フロイト自身の婚約中のことで、それと関連することがある。実はフロイトの妻となったマルタの従兄弟に「ハンブルクに住むマックス」がいた〔ジョーンズ－89頁〕。

マルタの従兄弟で、ハンブルクに住むマックス・マイヤーなる人物が、フロイトに会う以前の彼女のお気に入りであった。これは、最初の嫉妬をおこすに足ることであった。嫉妬は彼の妹の一人がマックスが作りマルタにうたった歌で彼女がどんなに夢中になったか、むしろ悪意をもって告げたことによってたきつけられた。マルタは愛をほしがっているから、いつでも夫になる男を見つけようとしているといってフロイトを憤激させたのであった。

頭にきたフロイトはマルタに、今後一切マックス・マイヤーのことを親しげに「マックス」とよんではいけない、「マイヤー氏」と呼べ、と迫った。その後、そのようなことを自分で恥ずかしく思い、マルタに次の手紙を書いている。まだ婚約して一週間後のことである〔1882年6月24日〕。

一体これ以上の狂気の沙汰はあろうかと自分に問いました。お前は自分自身の値打ちは少しもないのに、もっとも貴重な少女を得た。それだのにほんの一喩えていうなら「そんなこと言うなら友達じゃないよ」といった具合で、実際にそれ以降関係が絶たれている（会うことはないが数年後に、フロイトがフリースに対して起こした一種の盗作事件のような問題でもめることになる）。

「相手の考えを読むのでなく、自分の考えを相手に投影するだけの読心術者」という批判を乗り越えることは果たして可能なのだろうか？　理論の上だけで乗り越えることは決してできない問題、「そうならないように気をつけよう」と努力するだけでも乗り越えることのできない問題が、ここには潜んでいる。

9　20世紀の初日〔1901年元日〕、珍しくフロイトは詩を作り、フリースへの手紙に記している。彼はどのような思いで新しい世紀を迎えたのだろうか。

冬

街路は綿毛のように白く輝き[*1]
広場には雪が積もっている
池、沼、そして湖は
凍って輝く氷になっている

東から、北から
風が、ものすごく、そして冷たく吹いている
寒さのあまり何人かの哀れな子どもたちが泣き
保護と避難所を探し求めている
僕は今日、元気に学校に行く[*2]
こうするのは、今日が初めてではない
背中にランドセルを背負って
脇に定規を差し込んで

*1 この冬の初雪（もちろん昨晩からの）
*2 もちろん見かけだけ。彼はとても辛い思いで学校に行く。

自作の詩にまで註〔*1,2〕をつけてしまうところは心理学者ゆえの悲しい習性であろうか。それはともかくとして、味わってみたい。寒さで泣きながら保護を求めている子どもたち、そして、内心つらい思いを抱きながらも「元気に」学校に行く主人公。彼らの姿にフロイトの思いがよく表われている。ひょっとすると、21世紀を生きてゆく私たちにも勇気を与えてくれる詩かもしれない。

のあいだには、フロイトがやっている深遠な学問を、何か実際的に役立つ学問に変え、学業を終えたら、叔父の移住地に腰を落ち着け、パウリーネを妻にめとる、という計画があったようだ、ということを述べている。

私が自分のたてた企てに没頭しているのがわかって、この計画はなしになったのでしょう。……ずっと後に、私が学者になりたての頃、生活で苦労し、職にありつくまで長く待たねばならなかった時、私は次のように考えたにちがいありません。父は私のためを思ったからこそ、あのような計画を立てたのだ、それによって昔の破産が私の全生涯にもたらした損失の埋め合わせをつけようとしたのだと。

7　「隠蔽記憶」論文では、パウリーネに関して次のような思いが語られている〔著作集6－28〜30頁〕。

もし故郷に残ったままで、あの娘と結婚していたら、どんなに自分の生活は快適であったろう。

この娘なり、あの娘なりと結婚していたら、お前の暮らしははるかに楽になっていただろう。

当時のフロイトは「パウリーネと結婚していたら……」という思いに耽ることがあったことがうかがえる。しかもこの引用からわかるように、パウリーネは「憧れの女性」というイメージだけでなく、金持ちで、結婚したら裕福になれるというイメージの女性でもあった。逆にいえば、いまの妻と結婚してしまったばかりに貧乏している、という思いもあったかもしれない（実際、パウリーネの家族、つまりフロイトの異母兄エマヌエル一家は、イギリスに渡ったのち、事業に成功し裕福に暮らしていた。フロイトの「自分もその家の子であったなら」という思いも、『夢判断』中に表現されている）。

8　決裂の際フリースがフロイトに投げつけた言葉を見てみよう〔1901年9月19日、フリース宛の手紙から〕。

……僕は「たったひとりの聴衆」を失うのが悲しかったのです。これからは誰のために書けばいいのでしょうか？　もし私の解釈を不愉快に感じたとたん、「相手の考えを読む者」は他者の心を言い当てるのでなく自分の考えを投影するだけである、と結論するのであれば、もはや君は私の聴衆ではありません。

この手紙からわかるように、フリースはフロイトのことを「相手の考えを読むのでなく、自分の考えを相手に投影するだけの読心術者（直訳すると「考えを読む者」）」と痛烈に批判したのである。それに対するフロイトの応えは、のアマーリエと再婚している。その最初の子どもがフロイトである。つまりフロイトは、40歳近い父親が、若い母親と再婚しての第一子であり、両親から特別の寵愛を受けて育った。

2　著作集８－242頁

3　《Non vixit の夢》とそのまとまった解釈は、著作集２－345〜348および395〜401頁に記されている。

4　フロイトはのちに、大学生だった頃、優れた教授たちの銅像を見て回りながら自分の銅像がいつの日かここに建てられることを空想した、と弟子たちに述べている（フロイトの死後、その夢は実現された）。

5　著作集６－23〜32頁

6　フロイト一家は、フロイトが4歳になる前にウィーンに移住しているが、フロイトは16歳のときに故郷フライベルクに旅行をし、フルスという家に泊めてもらった。その家にギゼラという名の娘がおり、彼女に恋をしたことを述べている〔著作集６－26頁〕。

それは私の初恋でした。確かに激しいものでしたが、完全に内に秘めたままでした。相手は数日後に師範学校へ出発しました。……こうして束の間で別れたとなると、思慕の情はますます募るばかりでした。私は長時間ひとりで、再び目の当りにした素晴らしい森の中を散歩しながら、空中楼閣を築くのでした。

その初恋の女性が来ていた服が、隠蔽記憶のなかでパウリーネのもっていたタンポポと同じく黄色だったことが述べられ、その関連が示されている。

その三年後、フロイトはマンチェスターの異母兄エマヌエルのところを訪れ、ヨハネとパウリーネに再会している。そのことを「隠蔽記憶」論文では、語り手（実はフロイト自身の体験）と自分との間で次のような興味深い会話として記している〔著作集６－27頁〕。

「そこで私の最初の遊び仲間だった子どもたちに再び出会いました。タンポポの野原の情景に出てくる、一つ歳上の従兄弟と、同い年の従姉妹です。この家族も私たちと同時に郷里をあとにしたのですが、遠い町で裕福な生活に立ち戻っていたのでした。」

「そして、今度はその従姉妹を好きになってしまって、新たなファンタジーにを築き上げげた、というわけですか。」

「いや、今度は違います。……今度はそんな空想は抱きませんでした。」

今度は恋に落ちたわけではなかった。ただ、父ヤコブと叔父エマヌエルと

9　ジョーンズ〔ドイツ語版〕－268頁（日本語訳では省略されている）
10　著作集7－44頁
11　著作集7－153頁

第四章　夢の秘密が現われた日

1　《イルマの夢》とそのまとまった解釈は著作集2－91〜104頁にある。
2　エレンベルガーは、この時期の重要な切り離すことのできない特徴として次の四つを挙げている――「第一は、ヴィルヘルム・フリースとの親密な関係であり、第二は、フロイトが神経症に悩んだことであり、第三は、フロイトの自己分析であり、そして第四は、精神分析の基本原則を磨きあげたことである」〔『無意識の発見 下』32頁〕。
精神分析の最大の特徴は、患者など他者の治療や文献研究（これらが大事であることはいうまでもないが）だけでなく、フロイト自身が神経症に苦しみ、自己分析によって、それをあるていど乗り越える過程で築き上げられたものだということである。エレンベルガーは、「創造の病い」という観点から、これらのことに妥当な考察をしている。
3　シュールも、フロイトがここまでフリースを免責しようとしていることに驚きを見せているが、さすがに私たちも愕然とさせられてしまう。
4　今の時代でも、患者をひどく傷けていながら、合理化し、相手のせいにしてしまうことは往々にしてある。こうした事態はけっして人ごとではなく、現代の心理療法家にとっても常に潜んでいる根本的な難問である。

第五章　自身がさらけ出された日

1　フロイトの父ヤコブは1815年12月18日生まれ。1832年に頃妻サリィと結婚。二人の息子エマヌエルとフィリップをもうけている（フロイトの母違いの兄となる）。最初の妻サリィとは（離婚か死別かは不明だが）別れている。その後レベッカという女性と同棲か結婚していたといわれるが、これもはっきりしたことは不明である。1855年7月29日、ヤコブ39歳時に、二十年歳下で19歳同情を示そうとはしません。……医師は悪いことはみなヒステリー患者に帰してしまい、誇張し、故意に欺き、騙しているのではないかと疑い、ついにはその罰として自分の関心を向けなくするのです。ブロイアー博士がこの女性患者に対してとった態度には、この非難は当てはまりません。すなわち、彼は始めは患者をどのように助けたらいいかわからなかったにもかかわらず、共感と関心を持ち続けたのです。

これがブロイアーの一番の功績であろう。フロイトは『ヒステリー研究』で次のように述べている〔著作集7－188頁〕。

この治療は医師にとって、骨がおれ、時間もかかるものであり、心理的な現象に対する深い関心 großes Interesse と、患者への個人的関与 persönliche Teilnahme を前提としている。

治療者でありつづけるかぎり、これら共感・深い関心・個人的関与は、どこまでも大切なものである。また、Aufrichtigkeit（誠実さ・率直さ）という言葉もフロイトは繰り返し用いるが、その重要性も言をまたない。

ただこれらが大切だと頭ではわかっても、「共感し、関与するように、そして誠実であるように心がけよう」と努力すればできるかというと、なかなかそう簡単にはいかないところが難しい。意識的な努力だけではうまくいかない問題がそこにあるようである。加えて、本章でブロイアーの例で取り上げるように、関係をめぐっての思わぬ問題もある。これらに取り組みながらいかに「共感・深い関心・個人的関与」を誠実にやり抜けるかが治療者としての要であり、訓練のポイントでもあろう〔治療論に関しては第八章参照〕。

2　著作集7－153～177頁

3　症例報告一般の問題としても、クライエントのことを一見客観的に記述し、また治療者としての自分自身の関わりも記述しているようでありながら、実は表現できていないところ、治療者の態度で自分自身にさえ気づいていないところに本質的な盲点があったりすることは、今日でも頻繁に見られる重要な問題である。

4　著作集7－154頁

5　ジョーンズ－159頁

6　著作集8－413頁

7　エランベルジェに付された解説（中井久夫）から。

8　ゲイ－82頁

詳しく述べられている。
3　ジョーンズ－121頁
4　著作集8－94頁
5　ブリュッケは傑出した人物であった。生理学における権威であるだけでなく、「実に多才で、才能ある画家で、生涯にわたって美学に対して素人離れした関心を抱きつづけ、弟子たちに啓蒙的な影響を与えた。」〔ゲイ－39頁〕。
6　著作集8－20頁
7　ジョーンズ－77頁
8　ジョーンズ－80頁
9　ジョーンズ－78頁
10　フロイトはブロイアーのことも妻マティルデのことも好きだった。

フロイトはブロイアーの家に始終出入りしていた。そして彼はそこにある平和のうちにあって、いかに自分が幸福に気持ちよく感じたかについて語っている。彼らはそれほど、「親しい、善い、人の心がわかる人びと」であった。彼はブロイアーの若くて美しい夫人が大層好きであった。〔ジョーンズ－125頁〕。

11　ジョーンズ等による。
12　著作集8－214頁
13　「結核性の恐ろしいもの」とは、夏目漱石の小説『門』に出てくる表現である〔部外第II篇参照〕。
14　本書での人名表記は基本的に、生粋のウィーン子（ウィーン生まれウィーン育ちの方）に実際に発音していただき、それに近い表記を採用した（たとえばゾフィーでなくソフィーなど）。例外として、聖書の話がフロイトにとって意味をもっている人物（たとえばヤコブ、ヨセフ、ヨハネ）は、日本聖書協会「新共同訳」の表記を採用した。

第三章　ある密かなテーマ

1　ブロイアーの治療で最も重要なところに触れておきたい。フロイトはそれまでの医師のヒステリー患者に対する態度とブロイアーのとった態度に関して、次のように述べている〔著作集10－141頁〕。

医師はヒステリー患者に対して、器質的疾患の患者に対するのと同じような

註

序　章　ある未亡人の涙

1　この人物特定に関しては Appignanesi & Forrester の第 4 章を参照した。
2　この婦人に関しては著作集 7 －134, 135頁に記されている。

第一章　ファミリーロマンス

1　著作集 8 －47頁
2　著作集 8 －112頁
3　ドイツ語の Familienroman という言葉は「家族小説」という一般用語であるが、フロイトはのちにこの語を理論的な考察においても用いている。

フロイトは1909年に「神経症者のファミリーロマンス」〔著作集10〕という論文を書いて、幼児期に抱く、自分の出生や両親にまつわるファンタジー、ロマンスと、その神経症の関連について述べている。幼児期はフロイトのとりわけ重要視するところであるが、もともと「ファミリーロマンス」は、フロイトが婚約中に、ディケンズの小説にちなんでマルタとのあいだで構想していたものだった。
4　ジョーンズ－124頁

第二章　親衛隊と家族

1　著作集 8 －130頁
2　ジョーンズの『フロイトの生涯』の「第九章 私生活」に、そのことが

菅真義『妙好人 有福の善太郎』百華苑
『名作オペラ・ブックス モーツァルト ドン・ジョヴァンニ』音楽之友社
『モーツァルト頌』吉田秀和・高橋英郎編，白水社
『聖フランシスコの小さき花』光明社

岩崎学術出版社　Orange, D.M. (1997) *Working Intersubjectively* The Analytic Press Inc.
ロベール, M. (1977)『エディプスからモーゼへ』東宏治訳, 人文書院　Robert, M. (1974) *D'oedipe A Moïse* Calmann-Levy
シュール, M. (1978,1979)『フロイト 生と死』(上・下) 安田一郎・岸田秀訳, 誠信書房　Schur, M. (1972) *Freud Living and Dying* International Universities Press, Inc. New York

より広い分野の著作

芥川竜之介「闇中問答」『或阿呆の一生』角川文庫
土居健郎『「甘え」さまざま』弘文堂
ドストエーフスキー『カラマーゾフの兄弟』(全四巻) 米川正夫訳, 岩波文庫
エッカーマン『ゲーテとの対話』(全3冊) 山下肇訳, 岩波文庫
ゲーテ『ファウスト』相良守峯訳, 岩波文庫(全2巻)/森鷗外訳, ちくま文庫
灰谷健次郎『子どもの隣り』新潮文庫
長谷川泰子『ゆきてかへらぬ 中原中也との愛』村上護編, 講談社
池田理代子『ぶってよ、マゼット』中央公論新社
井筒俊彦『意識の形而上学』中央公論社
キルケゴール『キルケゴール著作集 第1巻』浅井真男訳, 白水社
小林秀雄『無常という事』『私の人生観』『モオツァルト』角川文庫
小林秀雄『白鳥・宣長・言葉』文藝春秋
三島由紀夫『天人五衰 (豊饒の海4)』新潮文庫
村上春樹『ダンス・ダンス・ダンス』講談社文庫
中原中也「我が生活」『中原中也全集 3』角川書店
夏目漱石『門』『こころ』『硝子戸の中』『漱石文芸論集』岩波文庫
西田幾多郎「実践哲学序論」『西田幾多郎全集 X』岩波書店
白洲正子『いまなぜ青山二郎なのか』新潮社
白洲正子『西行』新潮文庫
シラー『群盗』久保栄訳、岩波文庫
ソポクレス『オイディプス王』藤沢令夫訳, 岩波文庫

Hawthorn Books Inc.
土居健郎 (1997)『「甘え」理論と精神分析療法』金剛出版
土居健郎 (2000)『土居健郎選集 3 精神分析について』岩波書店
エレンベルガー, H. (1980)『無意識の発見』(上・下) 木村敏・中井久夫監訳, 弘文堂 Ellenberger, H.F. (1970) *The Discovery of the Unconscious* Basic Books Inc. New york
エランベルジェ, H. (1999)『エランベルジェ著作集 1』中井久夫編訳, みすず書房
ゲイ, P. (1997)『フロイト 1』鈴木晶訳, みすず書房 Gay, P. (1988) *Freud A Life for Our Time* W.W.Norton & Company, Inc. New York
Grinstein, A. (1980) *Sigmund Freud's Dreams* International Universities Press, Inc. New York
ヘリック, J.V. (1995)『フロイトにおけるジェンダーと宗教』中野正美訳, 三交社 Herik, J.V. (1982) *Freud on Feminity and Faith* The Regents of the University of California
H.D. (ヒルダ・ドゥリトル) (1983)『フロイトにささぐ』鈴木重吉訳, みすず書房 H.D. (1956) *Tribute to Freud* Norman Holmes Pearson
Hirschmuller, A. (1978) *Physiologie und Psychoanalyse in Leben und Werk Josef Breuers* Huber
ジョーンズ, E. (1969) 『フロイトの生涯』竹友安彦・藤井治彦訳, 紀伊国屋書店 Jones,E. (1960) *Das Leben und Werk von Sigmund Freud* Bern, Stuttgart, (1961) *The Life and Work of Sigmund Freud* Basic Books Publishing Co.,Inc.
クリュル, M. (1987)『フロイトとその父』 水野節夫・山下公子訳, 思索社 Krull, M. (1979) *Freud und Sein Vater* C.H.Beck'sche Verlagsbuchhandlung
マホーニー, P.J. (1996)『フロイトの書き方』北山修訳, 誠信書房 Mahony, P.J. (1982) *Freud as a Writer* International Universities Press , Inc.
マッソン, J.M.. 編 (2001)『フロイト フリースへの手紙』河田晃訳, 誠信書房 Masson, J.M. (1985) *Sigmund Freud Briefe an Wilhelm Fließ*. S.Fischer
Masson, J.M. (1984) *The Assault on Truth* Farrar Straus and Giroux
小此木啓吾 (1979)『対象喪失 悲しむということ』中公新書
小此木啓吾 (1991)「対象喪失と悲哀の仕事」精神分析研究34-5
オレンジ, D.M. 他 (1999)『間主観的な治療の進め方』丸田俊彦・丸田郁子訳,

文　献

国内外の専門的な文献になるべく多くあたるよう心掛けたが、
ここでは、引用したものや特に参照したものに絞って掲げる。
なお読者の便を考え、日本語訳のあるものは訳書を挙げるが、
原典にあたって訳し直した場合も多いことを断っておく。

Freud,S. G.W. S.Fischer Verlag London『フロイト著作集』(本書では著作集と略記) 人文書院 (全11巻)

フロイト関連

Abraham, H.C. & Freud, E.L. (1965) *Sigmund Freud Karl Abraham Briefe* S.Fischer

Anzieu, D. (1986) *Freud's Self-analysis* International Universities Press, Inc. Madison Connecticut Translated from the French (1975) *L'auto-analyse de Freud* Presses Universitaires de France

Appignanesi, L. & Forrester, J. (1992) *Freud's Women* Penguin Books Ltd London

バルマリ, M. (1988)『彫像の男 フロイトの父の隠された過ち』岩崎浩訳, 哲学書房 Balmary, M. (1979) *L'homme aux Statuex* Grasset et Fasquelle

ベッテルハイム B. (1992)『フロイトのウィーン』森泉弘次訳、みすず書房 Bettelheim, B. (1990) *Freud's Vienna and Other Essays* Alfred A. Knopf New York

ビンスワンガー, L. (1969)『フロイトへの道』竹内直治・竹内光子訳, 岩崎学術出版社

ブラントン, S. (1972)『フロイトとの日々 教育分析の記録』馬場謙一訳, 日本教文社 Blanton, S. (1971) *Diary of My Analysis with Sigmund Freud*

著者紹介

佐々木承玄（ささき・じょうげん）

1966年、茨城県生まれ。
1985年、東京大学理科Ⅰ類入学。
（専門課程ではパラダイム論をはじめとする科学論を学ぶ）
1990年、東京大学教養学部卒業。
1990年、京都大学大学院教育学研究科入学、臨床教育学専攻。
（臨床心理学を学ぶ）
1997年、賢一から承玄へと改名。
1998-2000年、京都大学大学院教育学研究科助手。
2002年4月より，相国寺専門道場にて仏道修行。
臨床心理士

「深層心理学の方法論における基本的問題」（仏教大学心理クリニックセンター紀要，1993）、「夢と超常現象」（氏原・森岡・杉原編『心理学入門』培風館，1993）、「深層心理学と宗教性」（山中・岡田編『身体像とこころの癒し』岩崎学術出版社，1994）、『シシュポスの探求』（カースト著・山中康裕監訳，人文書院，1995）、「フロイトの症例ドラから見る逆転移の問題」（京都大学大学院教育学研究科紀要，1999）、「深層心理学における知・行の画期的さ（困難さ）」（山中監『魂と心の知の探求』創元社，2001）。

新曜社

こころの秘密《ひみつ》
フロイトの夢と悲しみ

初版第1刷発行　2002年4月12日

著　者　佐々木承玄©
発行者　堀　江　洪
発行所　株式会社　新　曜　社
〒101-0051　東京都千代田区神田神保町2-10
電話(03)3264-4973(代)・FAX(03)3239-2958
e-mail info@shin-yo-sha.co.jp

印　刷　亜細亜印刷株式会社　　Printed in Japan
製　本　株式会社光明社

ISBN 4-7885-0801-X　C1011